새 연세한국어 말하기와 쓰기 3-1

연세대학교 한국어학당 편

연세대학교 출판문화원

머리말

연세대학교 한국어학당은 1959년에 설립된 한국 최초의 외국어로서의 한국어 교육 기관이다. 연세대학교 한국어학당은 그간의 역사와 명성에 걸맞게 다양한 한국어 교재 편찬 및 관련 연구를 해옴으로써 한국어 교육을 선도해 왔다. 지금까지 전 세계에서 온 약 150여 개국의 17만여 명에 이르는 한국어 학습자에게 한국어와 한국 문화를 가르쳐 왔으며, 최근에는 빠른 속도로 변화해 가는 교육 환경에 맞추어 오프라인 한국어 교육뿐만 아니라 온라인 한국어 교육 콘텐츠 개발에도 노력을 기울이고 있다. 이미 세계 각국의 한국어 학습자를 대상으로 글로벌 온라인 대중 공개 강좌(MOOC)를 개설하여 학습자들로부터 큰 호응을 얻었고 연세대학교 온라인 교육 혁신 플랫폼인 런어스(LearnUs)에도 최신 기술을 활용한 한국어 콘텐츠를 올려서 학습자들을 만나는 중이다.

연세대학교 한국어학당은 그간 일반 목적 한국어 학습자들뿐만 아니라 특수 목적 한국어 학습자들을 대상으로 정규과정, 단기과정, 대학 한국어 과정 등 다양한 교육과정을 개설 운영하면서 학습자의 요구에 부응하는 최상의 교재를 개발해 왔다. 이러한 교재들은 국내외의 한국어 교육 기관에서 교사와 학습자들의 다양한 요구를 충족시키며 양질의 한국어 교수·학습을 위해 널리 사용되고 있다.

연세대학교 한국어학당은 그간 가장 큰 호응을 받아 왔던 '연세한국어' 1급~6급의 뒤를 이을 새로운 교재로 '새 연세한국어' 시리즈를 기획 출간하게 되었다. 이 교재의 개발을 위해 한국어 교육 현장 경험이 풍부한 전문 한국어 교육학자 및 교사들이 대거 투입되었고 최상의 한국어 교수법 및 학습자 집단의 요구에 대한 이해를 바탕으로 개발 작업이 장기간에 걸쳐 수행되었다.

이번에 출간된 '새 연세한국어' 시리즈는 총 6단계로 각 단계마다 어휘와 문법 교재, 말하기와 쓰기 교재, 듣기와 읽기 교재로 구성되어 있다. '새 연세한국어 어휘와 문법'은 한국어 학습자들이 각 숙달도별로 가장 필수적으로 익혀야 하는 주요 어휘와 문법에 대한 이해와 활용을 중심으로 구성되었다. '새 연세한국어 말하기와 쓰기'는 원활한 한국어 의사소통을 위해 꼭 필요한 표현 기능을 수행할 수 있도록 말하기, 쓰기 과제를 중심으로 구성되었다. 또한 '새 연세한국어 듣기와 읽기'는 듣기, 읽기 과제를 중심으로 각 급별 숙달도에 적절한 이해 능력을 함양시킬 수 있도록 구성되었다. 이 세 권의 교재는 어휘·문법, 표현, 이해 능력의 고른 발달을 위해 패키지로 함께 사용될 수도 있고, 교육 현장 여건이나 학습자의 요구에 따라 별도로 사용될 수도 있다. 또한 어휘와 문법 교재의 경우 별도의 지침서가 무료로 제공되므로 교육 경험이 다소 부족한 국내외의 한국어 교사들에게 유용한 길잡이가 될 수 있을 것이다.

연세대학교 한국어학당은 앞으로도 전 세계의 한국어 학습자들의 요구와 기대에 부응하는 교재 개발을 위해 최선을 다할 것이다. 아울러 본 교재가 국내외에서 한국어 교육을 위해 노력을 아끼지 않는 많은 교사와 한국어 학습을 위해 노력하는 모든 학습자들에게 크게 도움이 되기를 바란다.

연세대학교 언어연구교육원
한국어학당 교재편찬위원회

일러두기

1 이 책은 <새 연세한국어 어휘와 문법 3>, <새 연세한국어 듣기와 읽기 3>과 함께 한국어 중급 학습자를 위해 개발된 교재이다. 특히 <새 연세한국어 어휘와 문법 3>에서 배운 문형과 어휘를 활용해서 말하고 쓰는 표현 연습을 할 수 있도록 구성되었다.

2 이 책은 한국어 중급 학습자가 한국어로 말하고 쓸 수 있는 능력을 키우기 위한 표현 능력 개발 교재이다.

3 이 책은 총 20과이며 각 과는 각각 50분 수업 분량의 2개 항으로 구성되어 있다. 그리고 2개 과마다 복습을 할 수 있도록 복습 10개 항을 구성하였으므로 이 책은 총 50개 항으로 구성되어 있다. 그리고 2개 과마다 한국 문화에 대한 소개가 있다.

4 이 책의 각 항은 '제목, 학습 목표, 준비해 봅시다, 표현해 봅시다, 정리해 봅시다'로 구성되었다. 복습 항은 선행 학습된 2개 과의 주제와 기능, 어휘와 문형을 활용할 수 있는 2개 과제로 구성되어 있다.

5 이 책 각 과의 제목은 <새 연세한국어 어휘와 문법 3>과 동일하다. 각 항의 제목은 해당 항의 내용 중에서 학습 목표를 드러낼 수 있는 대표적인 문장을 골라 사용하였다.

6 학습 목표는 '설명할 수 있다, 소개할 수 있다, -에 대해서 이야기할 수 있다'와 같이 표현 기능이 드러나도록기술하였다.

7 '준비해 봅시다'는 각 항의 도입부에 해당된다. 삽화를 제시해서 학습자의 이해를 돕고 2개 질문에 대답하는 동안 각 항의 구체적인 내용을 예측해 볼 수 있도록 구성하였다. 1과에서 20과까지 40개 항에는 삽화와 관련된 질문과 학습자들이 자신의 상황에 맞춰 대답할 수 있는 질문이 제시되어 있다.

8 '표현해 봅시다'는 <새 연세한국어 어휘와 문법 3>에서 공부한 내용을 주제와 관련해서 말하거나 써 볼 수 있는 과제 활동으로 구성되어 있다. 중급 학습자의 흥미를 끌고 실제성을 높일 수 있도록 목표 말하기 상황이 드러나는 삽화를 제시하였다. 또한 학습자의 이해를 돕기 위해서 연습마다 전형적인 대화와 발표문, 설명문 등의 예시를 보기 로 제시하였다. 보기 글의 제목을 칠판에 써 주면 학생들이 과제 활동의 목표를 파악하는 데 도움이 될 것이다.

09 '정리해 봅시다'는 '교실에서 수행한 표현 활동과 연계된 실생활 과제로 구성되어 있다. 학습한 어휘와 문형을 실생활의 다양한 맥락에 맞게 사용할 수 있도록 설계되었다.

10 '복습'은 2개의 연습으로 구성되어 있다. 앞선 2개 과에서 배운 어휘와 문형, 주제를 통합해서 길게 말하고 쓸 수 있는 연습으로 구성되었다.

11 '문화'는 한국의 문화를 소개하면서 이와 관련된 한국어 표현을 제시해서 학습자들이 실생활에서 활용할 수 있도록 내용을 선별하였다.

12 모든 연습은 학습자가 자신의 한국어 능력 수준에 맞춰 다양하게 표현할 수 있도록 정답이 열려 있는 질문으로 구성하였다. 자신의 상황에 맞게 적용해서 연습할 수 있도록 일반적이고 전형적인 상황을 제시하였다.

13 새로 나온 어휘는 해당 페이지의 하단에 제시하였다. 부록에는 새로 나온 모든 어휘의 목록과 해당 어휘가 사용된 항을 제시해서 자기 주도 학습에 도움을 주고자 하였다.

단원구성

과	제목	학습 목표	문형	문화
1과 소개	<1> 신문방송학과 20학번 새내기 류밍밍입니다	신입생으로서 자기소개를 할 수 있다.	-기는요 -을 뿐이다	선후배 문화
	<2> 이 회사에 들어오기 위해서 열심히 준비했습니다	신입 사원으로서 자기소개를 할 수 있다.	-기 위해서 -는 편이다	
2과 학교생활	<1> 지금 글로벌 라운지에 가려던 참이었는데 같이 갈래?	학교 시설 이용 방법을 소개할 수 있다.	-으려던 참이었다 -기만 하다	
	<2> 한국 문학을 잘 알려면 독서 동아리에 들어야지요	가입하고 싶은 동아리를 소개할 수 있다.	-어야지요 -어 보이다	
3과 집	<1> 돈을 많이 번다면 이렇게 조용한 동네에서 살고 싶어요	살고 싶은 집의 조건을 설명할 수 있다.	-는다면 -어서 그런지	이사 인사 문화
	<2> 벽지가 좀 찢어져 있는데요	부동산 소개소 직원에게 집의 상태에 대해서 문의할 수 있다.	피동 -어 있다	
4과 일상생활	<1> 사다리차도 미리 예약해 놓으셔야 해요	이사 방법을 소개할 수 있다.	-을지 -을지 -어 놓다	
	<2> 계란껍데기도 종량제 봉투에다가 버리래요	쓰레기 분리 배출 방법을 설명할 수 있다.	-는대요 아무	
5과 음식과 요리	<1> 밥공기를 들고 먹었더니 그렇게 하지 말래요	여러 나라의 식사 예절을 비교할 수 있다.	-었더니 -잖아요	건배사
	<2> 재료를 깨끗하게 씻고 나서 먹기 좋게 자릅니다	몸에 좋은 음식의 요리 방법을 설명할 수 있다.	-고 나서 -는다면서요?	
6과 병원	<1> 약을 바르고 푹 쉬었는데도 계속 아파요	병원 이용 경험을 소개할 수 있다.	-는데도 -기가 쉽다	
	<2> 다 나으려면 약을 얼마나 먹어야 할까요?	증상을 구체적으로 설명할 수 있다.	-을지도 모르다 -으려면[2]	

과	제목	학습 목표	문형	문화
7과 문화생활	<1> 뮤지컬이라든가 콘서트 같은 공연을 보고 싶어요	보고 싶은 영화나 공연 관람을 제안할 수 있다.	-이라든가 -었을 것이다	유행하는 운동
	<2> 그래서 오래된 작품인데도 공연할 때마다 매진이 되나 봐요	작품의 감동적인 부분에 대해서 감상평을 할 수 있다.	-나 보다 -는다고 생각하다	
8과 생활 습관	<1> 엄마도 밤에 스마트폰을 못 보게 하셨어	고치고 싶은 습관과 건강을 위한 계획을 말할 수 있다.	-는 대신에 -게 하다	
	<2> 저는 요가를 하니까 피로가 풀리던데 한번 해 보세요	신체 증상별로 건강에 좋은 운동을 추천할 수 있다.	-으면서도 -던데	
9과 문제와 해결	<1> 도서관 책상 위에 휴대전화를 두고서 그냥 왔어	물건을 분실한 상황을 설명할 수 있다.	-고서 -을 뻔하다	비슷한 발음 때문에 생긴 실수
	<2> 맡기면 수리 시간이 얼마나 걸릴까요?	고장난 물건의 수리를 요청할 수 있다.	사동 -으니까[2]	
10과 실수와 사과	<1> 만 원을 낸다는 것이 백 유로를 내고 말았다	실수한 경험을 소개할 수 있다.	-는다는 것이 -고 말다	
	<2> 약속이 있었는데 제가 깜박했거든요	적절한 표현으로 사과할 수 있다.	-거든요 -을까 봐	

차례

머리말 / iii
일러두기 / iv
단원구성 / vi
등장인물 / ix

3-1

제1과	소개	3
제2과	학교생활	11
제3과	집	21
제4과	일상생활	29
제5과	음식과 요리	39
제6과	병원	47
제7과	문화생활	57
제8과	생활 습관	65
제9과	문제와 해결	75
제10과	실수와 사과	83

부록 색인 / 93

별책 언어별 번역

3-2

제11과	새로운 경험	3
제12과	여행	11
제13과	쇼핑	21
제14과	초대	29
제15과	일과 생활	39
제16과	고민과 조언	47
제17과	부탁과 거절	57
제18과	모임	65
제19과	놀이 문화	75
제20과	생활 정보	83

등장인물 | Main characters

에릭 파커
- 미국
- 한국어학당 학생
- 한국전자 직원

존 카마우
- 케냐
- 한국어학당 학생
- 교환학생

사토 유키
- 일본
- 한국어학당 학생
- 기자

리타오
- 중국
- 한국어학당 학생
- 대학 입학 예정자

노라 한슨
- 노르웨이
- 한국어학당 학생
- 대학원 입학 예정자

최주앙
- 브라질
- 한국어학당 학생
- 대학 휴학생

응웬 흐엉
- 베트남
- 한국어학당 학생

레오 마르탱
- 프랑스
- 한국어학당 학생
- 요리사

올리비아 스미스
- 호주
- 한국어학당 학생
- 외교관

이윤아
- 한국
- 대학생

정하늘
- 한국
- 대학생

김우진
- 한국
- 한국전자 직원

새 연세한국어

말하기와 쓰기 3-1

01과 소개

1. 신문방송학과 20학번 새내기 류밍밍입니다

• 학습 목표: 신입생으로서 자기소개를 할 수 있다.

Ⅰ. 준비해 봅시다

- 학교 선배에게 자기소개를 한 적이 있습니까?
- 자기소개를 할 때 이름을 잘 기억하게 하는 방법이 있습니까?

Ⅱ. 표현해 봅시다

1 그림과 같이 대화해 봅시다.

1)

① 경영학과 / 왕웨이
② 잘 지내다
③ 학과 친구를 많이 못 사귀어서 좀 외롭다
④ 내가 좋은 학교 동아리를 소개하다
⑤ 내가 해 줄 수 있는 일을 하다

2)

① 국어국문학과 / 요시다 리에
② 전공 공부는 잘 하다
③ 한국어로 된 전공책을 보는 건 아직 좀 힘들다
④ 모르는 게 있으면 내가 가르치다
⑤ 나도 선배들한테 배운 걸 나눠 주다

새내기 학번 적응하다 강의실 동기 학년

3)
① 컴퓨터 공학과 / 제임스 톰슨
② 수업은 잘 듣다
③ 발표가 많은 수업을 신청해서 좀 어렵다
④ 다음 학기에 들을 과목에 대해서 내가 미리 설명하다
⑤ 선배가 해야 할 일을 하다

4)
①
② 기숙사 생활은 잘 하고 있다
③
④
⑤

2 전공하고 싶은 것에 대해서 친구에게 묻고 자신의 대답을 정리해서 보기 와 같이 신입생으로서 자기소개를 해 봅시다.

어느 과에 다니고 싶어요?	☐ 간호학과 ☐ 건축학과 ☐ 경영학과 ☐ 국어국문학과 ☐ 법학과 ☐ 생물학과 ☑ 신문방송학과 ☐ 심리학과 ☐ 유아교육과 ☐ 의학과 ☐ 정치학과 ☐ 컴퓨터학과 ☐ 기타 ________	
왜 그 전공을 선택했어요?	· 텔레비전 보는 것을 좋아한다.	
무엇에 대해서 배우고 싶어요?	· 방송 정보와 기술을 배우고 싶다.	
언제부터 그 전공에 관심이 생겼어요?	· 중학교 때부터 관심이 생겼다.	
졸업한 후에 무엇을 하고 싶어요?	· 좋은 프로그램을 만드는 피디(PD)가 되고 싶다.	

간호학과 건축학과 경영학과 국어국문학과 법학과 생물학과 신문방송학과
심리학과 유아교육과 의학과 정치학과 컴퓨터학과 피디(PD)

보기

새내기 소개

안녕하십니까? 이번에 신문방송학과에 입학한 새내기 류밍밍입니다. 오늘 이렇게 멋진 신입생 환영회 자리에서 여러 선배님과 동기 분들을 만나서 정말 기쁘고 반갑습니다.

중학교 때부터 제 취미는 한국 방송 프로그램을 보는 것이었습니다. 그리고 그런 프로그램을 직접 만들어 보고 싶어서 한국으로 유학을 왔습니다. 열심히 공부해서 전문적인 방송 정보와 기술을 배워 가지고 한국 방송국에 취직하고 싶습니다. 실력 있는 피디가 되어서 여러 나라 사람들에게 감동과 재미를 주는 프로그램을 많이 만들고 싶습니다. 좋은 선배님과 동기들을 만나서 앞으로 함께 그런 공부를 할 수 있다고 생각하니까 참 기쁩니다. 앞으로 잘 부탁드립니다.

3 보기 와 같이 발표 내용에 대해 이야기해 봅시다.

보기

가: 방송 피디가 되면 무슨 프로그램을 만들고 싶어요?

나: 저는 케이팝을 좋아해서 재미있는 음악 프로그램을 만들고 싶어요.

Ⅲ. 정리해 봅시다

여러분의 이름을 소개하는 삼행시를 만들어 봅시다.

* 정하늘

정: 정 씨는 많지만

하: 하늘이라는 이름도 많지만

늘: 늘 곁에 있고 싶은 친구,

정하늘이라고 합니다.

* 올리비아

올: 올해에는

리: 이해심 많고

비: 비밀을 잘 지키는

아: 아름다운 여자, 올리비아와

친구가 되고 싶지 않으십니까?

01과 소개

2. 이 회사에 들어오기 위해서 열심히 준비했습니다

• 학습 목표: 취직을 위한 자기소개를 할 수 있다.

Ⅰ. 준비해 봅시다

- 누가 윗사람인 것 같습니까?
- 여러분 나라에서는 처음 회사에 간 사람들이 어떻게 인사를 합니까?

II. 표현해 봅시다

1 그림과 같이 대화해 봅시다.

1)
- ① 출장을 많이 가다
- ② 최선을 다하다
- ③ 외국어 실력이 뛰어나다
- ④ 외국어를 배우다 / 유학을 갔다 오다
- ⑤ 모르는 게 있다

2)
- ① 야근이 많다
- ② 잘 부탁드리다
- ③ 디자인 감각이 좋다
- ④ 디자인 감각을 키우다 / 학교 다니면서 디자인 수업을 많이 듣다
- ⑤ 물어볼 게 있다

과장　부서　최선을 다하다　실력이 뛰어나다　궁금하다　야근　찾아오다　감각

3)

1 월말에 바쁘다
2 열심히 배우다
3 문서 만드는 실력이 뛰어나다
4 출판사에 취직하다 / 컴퓨터 자격증을 많이 따다
5 도움이 필요하다

4)

1 서로 도우면서 해야 하는 업무가 많다
2
3
4
5

2 가고 싶은 회사에 대해서 친구에게 묻고 자신의 대답을 정리해서 보기 와 같이 자기 소개서를 써 봅시다.

어디에서 일하고 싶어요?	☐ 게임 회사 ☐ 방송국 ☐ 백화점 ☐ 병원 ☐ 신문사 ☐ 여행사 ☐ 연예기획사 ☐ 은행 ☐ 인터넷 회사 ☑ 전자 회사 ☐ 학교/학원 ☐ 호텔 ☐ 기타 ______	
어느 회사에서 일하고 싶어요?	· 한국 전자	
왜 가고 싶어요?	· 전자 회사 중에서 제일 좋다. · 컴퓨터공학 전공 지식을 쓸 수 있다.	
무엇을 잘해요?	· 컴퓨터 프로그램을 잘 만든다.	
거기에서 무엇을 하고 싶어요?	· 누구나 쉽게 사용할 수 있는 컴퓨터 프로그램을 만들고 싶다.	

문서 자격증 업무 지식

보기

자기소개서

안녕하십니까? 한국 전자에 지원한 에릭 파커입니다. 한국인뿐만 아니라 세계인들도 즐겨 쓰는 전자 제품을 만드는 회사에서 일하고 싶어서 지원하게 되었습니다.

저는 대학에서 컴퓨터공학을 전공했습니다. 제 전공 지식을 써서 누구나 쉽게 사용할 수 있는 컴퓨터 프로그램을 만드는 것이 제 꿈입니다. 그래서 저는 대학교에 입학하면서부터 제 꿈을 이룰 수 있는 한국 전자에 취직하려고 열심히 준비를 해 왔습니다.

자랑스러운 한국 전자 사원이 되면 선배님들한테서 새로운 정보 기술을 더 열심히 배우겠습니다. 그리고 저도 선배님들처럼 실력이 뛰어난 사원이 되기 위해서 최선을 다하겠습니다. 저에게 이 회사에서 일할 기회를 꼭 주십시오.

3 보기 와 같이 발표 내용에 대해 이야기해 봅시다.

보기

가: 좋은 회사에 들어가려면 준비할 것이 많지요?

나: 맞아요. 한국 전자에서 일하려면 컴퓨터 지식이 풍부해야 해요.

III. 정리해 봅시다

신입 사원으로 지원하기 위해서 자기 소개서를 써 봅시다.

자신은 어떤 사람입니까?	
무슨 경험을 했습니까?	
왜 이 회사에서 일하고 싶습니까?	
이 회사에 들어오기 위해서 무슨 준비를 했습니까?	
앞으로 어떤 계획이 있습니까?	

지원하다　자랑스럽다　기회

02과

학교생활

1. 지금 글로벌 라운지에 가려던 참이었는데 같이 갈래?

• 학습 목표: 학교 시설 이용 방법을 소개할 수 있다.

Ⅰ. 준비해 봅시다

- 학교 안에서 어느 시설을 자주 이용합니까?
- 학교에 어떤 시설이 더 있으면 좋겠습니까?

Ⅱ. 표현해 봅시다

1 그림과 같이 대화해 봅시다.

큰일이야. 나 요즘 ❶ 점심 먹고 오후 수업 때까지 갈 데가 없어서 여기저기 그냥 돌아다니기만 해. 어쩌면 좋지?

나 지금 ❷ 글로벌 라운지에 가려던 참이었는데 같이 갈래?

❷ 글로벌 라운지? 거긴 커피숍이야?

❸ 커피숍은 아니지만 학생들이 쉴 수 있는 곳이야. ❹ 가끔 유학생들을 위한 행사도 해.

❺ 몇 시까지 이용할 수 있어?

❻ 저녁 8시까지 문을 여는데 방학 때는 5시까지야.

1)
❶ 집에서는 인터넷이 안 돼서 아무것도 안 하고 그냥 자다
❷ 멀티미디어 센터 / 거긴 컴퓨터실이다
❸ 컴퓨터실하고는 좀 다르다
❹ 거기서 멀티미디어 자료를 빌려서 바로 볼 수 있다.
❺ 들어갈 때 학생증이 필요하다
❻ 도서관 6층에 있어서 학생증이 없으면 못 들어가다

2)
❶ 역사 수업 발표 때문에 박물관에 가야 하는데 준비는 안 하고 놀다
❷ 학교 박물관 / 학교 안에 박물관이 있다
❸ 학생회관 옆에 있다
❹ 나는 오래된 유물도 구경하고 학교의 역사도 배우려고 자주 가다
❺ 들어갈 때 돈을 내야 하다
❻ 누구나 무료로 이용할 수 있다

돌아다니다 글로벌 라운지 행사 멀티미디어 센터

3)
1 운동은 안 하고 먹다
2 체육관 / 무료로 이용할 수 있다
3 무료는 아니지만 학생은 할인이 되다
4 운동 기구도 많다
5 이용하려면 어떻게 해야 되다
6 직접 가서 신청해도 되고 온라인 신청도 가능하다

4)
1
2 상담실 (도서관/학생 식당 등)
3
4
5
6

2 학교 안에서 가 본 편의 시설에 대해서 친구에게 묻고 보기 와 같이 대화해 봅시다.

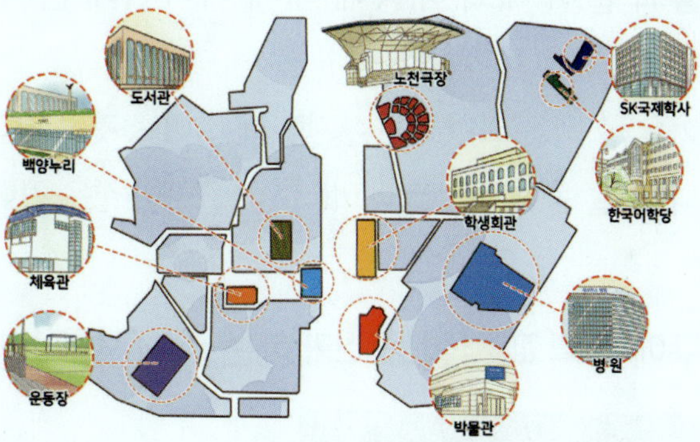

어떤 시설을 소개하고 싶어요?	☐ 도서관 ☐ 기숙사 ☐ 학생회관 ☐ 체육관 ☐ 박물관 ☐ 학생 식당 ☐ 상담실 ☑ 기타 : 글로벌 라운지	
누구에게 소개할 거예요?	☑ 반친구 ☐ 한국 친구 ☐ 다른 어학당 친구 ☐ 우리 학교 신입생 ☐ 기타 ________	
어떻게 가요?	· 연세대 정문에서 똑바로 가다가 지하 캠퍼스로 내려가는 엘리베이터를 탄다.	
이용 시간은 어떻게 돼요?	· 평일 오전 9시~오후8시 · 방학 오전 9시~오후5시	
거긴 어떤 곳이에요?	· 편하게 쉴 수 있고 학교 안내를 받을 수 있다. · 유학생을 위한 행사도 한다.	
이용할 때 주의할 게 뭐예요?	· 음식물을 가지고 들어가면 안 된다.	

운동 기구 주의

보기

가: 오늘 학교 캠퍼스 구경하러 가자. 글로벌 라운지에 가 봤어?
나: 아니, 학교에 다닌 지 오래 됐지만 한 번도 안 가 봤어. 어디에 있는데?
가: 학생회관 앞에 있는 엘리베이터를 타고 내려가면 돼.
나: 거긴 어떤 곳이야?
가: 학생들이 편하게 쉴 수 있는 곳이야. 가끔 유학생을 위해서 특별한 행사도 하고 학교 안내도 외국어로 받을 수 있어.
나: 이용 시간은 어떻게 되는데?
가: 지금은 방학 중이니까 오후 5시까지만 문을 열 거야.
나: 그래. 그럼 오늘은 김밥을 사 가지고 글로벌 라운지에 가서 먹을까?
가: 거긴 음식물을 가지고 들어갈 수 없으니까 밥은 밖에서 먹고 들어가야 돼.
나: 그럼 밥부터 먹고 그 다음에 글로벌 라운지 구경하러 가자.

3 보기 와 같이 대화 내용에 대해 이야기해 봅시다.

보기

가: 유학생을 위한 특별한 행사에는 어떤 것이 있어요?
나: 예를 들면 멕시코 데이(Mexico Day) 같은 것이 있어요.

Ⅲ. 정리해 봅시다

친구에게 학교 시설을 소개하는 메시지를 보내 봅시다.

나 오늘 멋진 곳을 발견했어. 외국어로 학교 안내를 받을 수 있고 또 가끔 유학생을 위해서 특별한 행사도 한다고 하네. 편하게 쉴 수 있는 의자도 많고. 뚜껑 없는 음료는 가지고 들어갈 수 없다니까 커피는 가지고 들어가면 안 되는 것 같아.

전송

뚜껑

02과 학교생활

2. 한국 문학을 잘 알려면 독서 동아리에 들어야지요

• 학습 목표: 가입하고 싶은 동아리를 소개할 수 있다.

Ⅰ. 준비해 봅시다

- 어느 동아리가 재미있을 것 같습니까?
- 여러분은 무슨 동아리 활동을 해 봤습니까?

Ⅱ. 표현해 봅시다

1 그림과 같이 대화해 봅시다.

동아리가 참 많네요.
에릭 씨는 어느 동아리에 들 거예요?

저는 ① 한국 소설을 읽고 싶어서 독서 동아리에 들까 해요.

① 독서 동아리요?
② 한국어로 된 책을 읽는 게 어렵지 않을까요?

신입생들은 선배들과 ③ 쉬운 책부터 읽는다고 해요. ④ 책을 읽은 후에 책에 대해 이야기도 하고요.

와, 저도 가입하고 싶어요.
활동한 사진들을 보니까
⑤ 분위기가 좋아 보여요.
여기 가입하면
⑥ 한국 문학을
많이 배우겠어요.

맞아요. ⑦ 한국 문학을 잘 알려면 독서 동아리에 들어야지요.

1)
① 요리를 배우고 싶다 / 요리
② 한국어로 요리 설명을 듣다
③ 쉬운 요리부터 하다
④ 맛있는 음식도 먹으러 다니다
⑤ 요리하는 게 재미있다
⑥ 한국 요리를 많이 배우다
⑦ 요리를 잘하려면 많이 해 보다

2)
① 평소에 춤추는 걸 좋아하다 / 댄스
② 여러 명이 똑같이 추다
③ 따라 하기 쉬운 춤부터 추다
④ 1년에 한 번 대회에도 나가다
⑤ 춤을 추는 모습이 멋있다
⑥ 유행하는 춤을 많이 배우다
⑦ 춤을 멋있게 잘 추려면 댄스 동아리에 들다

활동하다 가입하다 들다[1] 따라 하다

3)

❶ 운동도 하면서 한국 문화도 배우고 싶다 / 태권도
❷ 태권도 동작을 따라 하다
❸ 쉬운 동작부터 하다
❹ 연말에 공연도 하다
❺ 회원들이 모두 건강하다
❻ 몸도 마음도 튼튼해지다
❼ 건강해지려면 태권도 동아리에 들다

4)

❶ / 여행(사진, 합창 등)
❷
❸
❹
❺
❻
❼

2 가입하고 싶은 동아리에 대해서 친구에게 묻고 자신의 대답을 정리해서 보기 와 같이 발표해 봅시다.

어떤 동아리에 가입하고 싶어요?	☐ 영화 동아리 ☐ 사진 동아리 ☐ 스포츠 동아리 ☐ 로봇 동아리 ☐ 봉사 동아리 ☐ 댄스 동아리 ☑ 독서 동아리 ☐ 기타 ________	
그 동아리에서 무엇을 해요?	· 한국과 외국의 유명한 책을 읽고 이야기를 한다. · 뒤풀이가 있다.	
왜 그 동아리에 가입하고 싶어요?	· 한국 친구를 사귈 수 있다. · 한국어 공부를 할 수 있다.	
어떤 사람이 가입하면 좋을까요?	· 독서를 좋아하는 사람 · 이야기하고 노는 것을 좋아하는 사람	

동작

보기

내가 들어가고 싶은 동아리

안녕하십니까? 여러분, 지금부터 제가 가입하고 싶은 동아리에 대해서 발표하겠습니다. 요즘 동아리 신입 회원을 모으는 기간인 거 아시나요? 저도 어제 학생회관 앞에서 여러 동아리 소개를 들었어요. 저는 국제 독서 동아리 <얼굴책>이 재미있어 보여서 거기 가입하려고 해요. <얼굴책>은 한국인과 외국인이 모여서 같이 한국말로 된 책을 읽는 동아리예요. 『어린 왕자』, 『해리포터』 같은 유명한 책도 읽는다고 해요. 책을 읽은 후에 동아리 친구들과 느낀 점을 이야기하고 뒤풀이도 하고요. 유학 생활을 재미있게 하려면 마음이 맞는 사람들끼리 모여야 하지 않을까요? 저와 같이 <얼굴책> 동아리에 가입해서 한국 친구도 사귀고 한국어 공부도 열심히 해 봅시다.

3 보기 와 같이 발표 내용에 대해 이야기해 봅시다.

보기

가: 그 동아리는 언제 모이나요?

나: 보통 금요일 오후에 동아리 방에 모여서 활동을 한다고 해요.

Ⅲ. 정리해 봅시다

동아리 소개 글을 에스엔에스(SNS)에 직접 올려 봅시다.

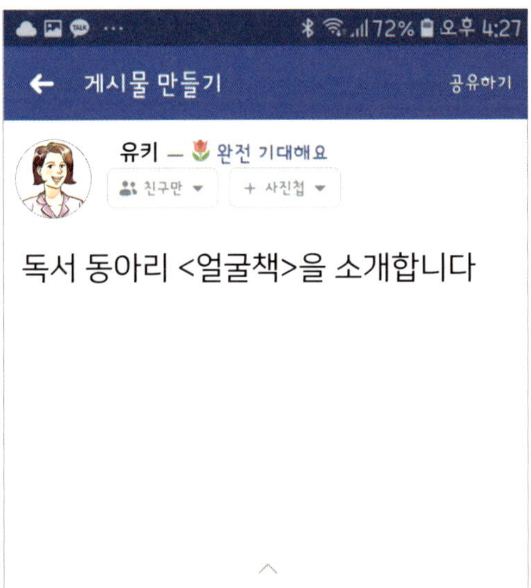

어린 왕자　마음이 맞다　끼리

복습 1-2과

1 그림을 보고 보기 와 같이 대화하십시오.

신입생인 밍밍은 대학교 신입생 환영회에 왔다. 자기소개를 한 후에 학과 선배인 웨이와 인사를 하고 학교 시설 이용 방법에 대해서 질문한다. 그리고 직장에 다니는 선배 우진에게 동아리를 추천해 달라고 부탁한다.

보기

마리아: 안녕하십니까? 신입생 환영회에 참석해 주신 선배, 후배, 동기 여러분 반갑습니다. 바쁘신데도 이렇게 많이들 참석해 주셔서 대단히 감사합니다. 그럼 오늘의 주인공인 신입생들의 자기소개를 들어보겠습니다. 먼저 밍밍 씨부터 해 주세요.

밍밍:

웨이:

밍밍:

웨이:

우진:

밍밍:

우진:

2 밍밍이 신입생 환영회에서 돌아와서 선배들에게 메일을 보냈습니다. 신입생 환영회를 열어 준 것과 친절하게 안내해 준 것에 대해서 고맙다는 내용으로 메일을 완성하십시오.

YONSEI EMAIL

보낸 사람	minglin@yonsei.ac.kr
제　　목	감사합니다 선배님!

안녕하세요, 선배님. 지난번 신입생 환영회에서 뵈었던 류밍밍입니다.

____

____

____

____

그럼 학교에서 뵙겠습니다.

밍밍 올림

문화

선후배 문화

선배란 나보다 먼저 학교나 회사에 들어온 사람들을 말한다. 학교 선배들은 후배에게 밥을 사 주기도 하고 학교생활에 대해 조언도 해 주는 고마운 존재이다. 이렇게 선배에게서 도움을 받았던 후배는 다음 해에 새로 들어오는 후배에게 밥을 사 주고 도움을 주는 선배가 된다. 그런데 요즘 학생들은 대학교에 입학하려고 재수나 삼수를 많이 해서 선배보다 나이가 많은 후배들도 흔히 볼 수 있다. 그래서 처음 만났을 때 예전처럼 '몇 학번이에요?'라며 나이를 돌려서 묻기보다 '몇 년생이에요?', '02년생이에요?'라고 직접 묻는 경우가 많다. 이제는 자기보다 나이가 많은 후배에게는 선배라도 존댓말을 쓰는 것이 예의가 되었다. 한국도 이제는 개인주의가 일반화되면서 예전만큼 선후배 사이가 가깝지 않고 밥을 사 주고 얻어먹는 문화도 많이 사라지고 있다. 하지만 여전히 한국의 선후배 문화는 한국 사람들이 집단 안에서 서로 정을 나누게 하는 데 중요한 역할을 한다.

03과 집

1. 돈을 많이 번다면 이렇게 조용한 동네에서 살고 싶어요

• 학습 목표: 살고 싶은 집의 조건을 설명할 수 있다.

Ⅰ. 준비해 봅시다

- 에릭 씨는 무슨 생각을 하고 있습니까?
- 여러분은 지금 어떤 집에서 살고 있습니까?

1 그림과 같이 대화해 봅시다.

① 이 동네는 차도 없고 조용하네요.

진짜 그러네요. 저도 ② 나중에 돈을 많이 번다면 이렇게 조용한 동네에서 살고 싶어요.

지금 사는 데는 어떤데요?

그런대로 살기 괜찮은 편이에요. 하지만 ③ 집 근처에 술집이 많아서 그런지 밤늦게까지 시끄러워요.

그래서 ① 이 동네를 좀 더 마음에 들어하시는군요.

네, ④ 취직하면 조용한 데로 이사 갈까 생각중이에요.

1)
- ① 저 단독주택 / 정말 크다
- ② 돈을 많이 모으다 / 저렇게 큰 집
- ③ 집에 짐은 많은데 방이 좁다 / 좀 답답하다
- ④ 대학교에 입학하다 / 좀 넓은 집으로 옮기다

2)
- ① 저 집 / 정원이 정말 예쁘다
- ② 한국에서 계속 살다 / 마당이 있는 집
- ③ 오래된 아파트이다 / 윗집 아이들 소리 때문에 시끄럽다
- ④ 어학당을 졸업하다 / 정원이 있는 셰어하우스 같은 곳으로 이사하다

단독주택　그런대로　고층　언젠가　셰어하우스

3)

1. 저 집 / 바로 앞에 한강 공원이 있어서 참 좋겠다
2. 돈이 생기다 / 전망이 좋은 집
3. 주변에 고층 아파트가 많다 / 하루 종일 답답하다
4. 대학교를 졸업하다 / 교외로 집을 옮기다

4)

1. 저 집 / 근처에 산이 있어서 공기가 좋겠다
2.
3.
4.

2 살고 싶은 집에 대해서 친구에게 묻고 자신의 대답을 정리해서 보기 와 같이 발표해 봅시다.

어떤 집에서 살고 싶어요?	☐ 원룸 ☐ 기숙사 ☐ 아파트 ☑ 한옥 ☐ 기타 ________	
왜 거기에 살고 싶어요?	· 한옥이 있는 동네는 조용할 것 같다. · 한국 문화를 느낄 수 있다.	
지금 어디에 살아요?	· 아파트가 많은 동네에 있는 원룸	
지금 사는 집이 왜 불편해요?	· 집 근처에 중· 고등학생이 다니는 학원이 많아서 시끄럽다. · 교통이 복잡하다.	

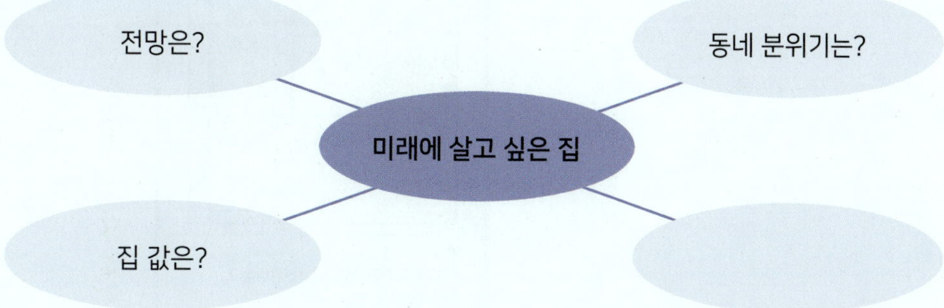

보기

미래에 살고 싶은 집

지금부터 제가 살고 싶은 집에 대해서 소개하겠습니다. 저는 나중에 돈을 모으면 한옥으로 이사를 가고 싶어요. 한옥이 있는 동네는 조용할 것 같아서요. 지금 제가 사는 집은 아파트가 많은 동네에 있는 원룸인데요. 근처에 중·고등학생들이 다니는 학원이 많아서 그런지 학교가 끝나는 저녁에는 항상 시끄러워요. 교통도 복잡하고요. 그래서 취직하고 돈을 좀 모으면 조용한 동네에 있는 한옥으로 이사를 갈 계획이에요. 한옥에 살면 한국 문화도 더 잘 느낄 수 있을 것 같아서 빨리 한옥으로 이사를 가고 싶어요.

여러분은 어떤 동네, 어떤 집에서 살고 계시나요? 살기 좋은 동네가 있으면 좀 소개해 주세요. 이상으로 제 발표를 마치겠습니다. 여러 가지로 부족한 발표를 끝까지 잘 들어주셔서 고맙습니다.

3 보기 와 같이 친구의 발표를 듣고 이야기해 봅시다.

보기

가: 저희 동네로 이사 오세요. 아주 조용해요.

나: 그래요? 어느 동네예요?

III. 정리해 봅시다

미래에 살고 싶은 집의 조건에 대해 이야기해 봅시다.

03과 집

2. 벽지가 좀 찢어져 있는데요

• 학습 목표: 부동산 소개소 직원에게 집의 상태에 대해서 문의할 수 있다.

Ⅰ. 준비해 봅시다

- 노라 씨가 무엇을 하고 있습니까?
- 여러분은 지금 사는 집을 어떻게 구했습니까?

3-2

II. 표현해 봅시다

1 그림과 같이 대화해 봅시다.

1)
① 화장실이 넓다 / 불도 잘 켜지다
② 세탁기도 놓을 수 있다
③ 거울이 좀 깨지다
④ 새로 사다
⑤ 학교하고 가깝다

2)
① 부엌에 창문이 있다 / 창문으로 한강도 보이다
② 음식 냄새도 금방 빠지다
③ 싱크대 안에 쓰던 그릇이 쌓이다
④ 이사 전에 청소하다
⑤ 교통이 좋다

소음 찢어지다 벽지 켜지다 깨지다 보이다 싱크대

3)
1. 베란다에 햇빛이 잘 들어오다 / 베란다 문도 잘 열리다
2. 빨래도 잘 마르다
3. 여기 빨랫줄이 끊어지다
4. 새로 달다
5. 지하철 역 근처에 있다

4)
1. 현관 문이 튼튼하다 / 번호 키도 있다
2.
3.
4.
5.

2 계약할 집에 대해서 친구에게 묻고 자신의 대답을 정리해서 보기 와 같이 부동산 소개소 직원에게 보내는 문자 메시지를 써 봅시다.

	☑ 사랑 아파트 305호	☐ 행복 빌라 204호	☐ 별빛 원룸 506호	☐ 현대 오피스텔 608호
좋은 점	· 방이 크다.	· 화장실이 넓어서 세탁기도 놓을 수 있다.	· 부엌 창문으로 한강이 보인다.	· 베란다를 통해 햇빛이 잘 들어온다.
문제점	· 벽지가 찢어진 부분이 있다.	· 거울이 깨져 있다.	· 싱크대 안에 전 주인이 쓰던 그릇이 쌓여 있다.	· 빨랫줄이 끊어져 있다.

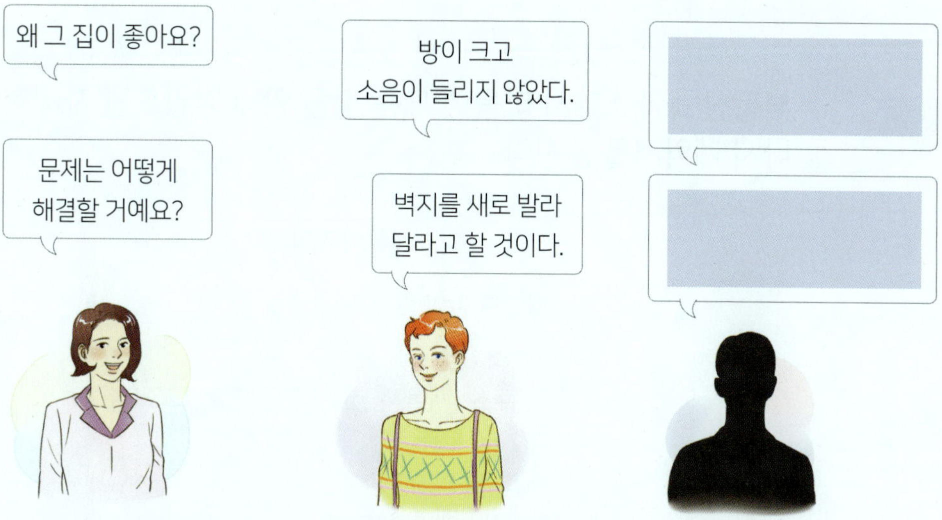

빨랫줄　자동　빌라

첫인사	· 안녕하세요? 낮에 집을 보고 온 사람입니다.	
내용	· 집이 마음에 든다. · 벽지 색을 고르고 싶다. · 계약할 날짜를 알고 싶다.	
끝인사	· 답장 기다리겠습니다.	

제목: 안녕하세요? 낮에 집을 보고 온 사람입니다.

안녕하세요? 낮에 집을 보고 온 사람입니다. 오늘 본 집을 계약하고 싶어서 문자를 드립니다. 방이 크고 소음도 들리지 않아서 마음에 들었습니다. 하지만 벽지가 찢어져 있던데 그건 새로 발라 달라고 하실 거지요? 제가 벽지 색을 고를 수 있었으면 좋겠습니다. 그렇게 해 주신다면 계약을 하고 싶은데 언제 가면 될까요? 집 주인을 만나서 계약서를 쓸 날짜를 알려 주세요. 그럼 답장 기다리겠습니다.

3 보기 와 같이 친구의 글을 읽고 이야기해 봅시다.

보기

가: 마음에 드는 집을 찾았는데 꼭 계약할 수 있었으면 좋겠어요.

나: 맞아요. 방이 크고 소음도 들리지 않는 집은 찾기가 어려웠어요.

Ⅲ. 정리해 봅시다

부동산 소개소에서 마음에 드는 집을 안내 받았으면 자세히 물어보고 나서 계약서를 씁시다.

월세 계약서

다음과 같이 월세 계약서를 쓴다.

제1조 : 집 주소

집 주소 : 서울시 서대문구 신촌로 173-24

제2조 : 보증금과 월세 지불 방법

보증금 : 500만원

월　세 : 매달 30만원

04과 일상생활

1. 사다리차도 미리 예약해 놓으셔야 해요

• 학습 목표: 이사 방법을 소개할 수 있다.

Ⅰ. 준비해 봅시다

이삿짐 싸기

새 집 청소

포장 이사

사다리차 이용

- 어느 이사 서비스를 이용해 봤습니까?
- 이사할 때 무슨 준비를 미리 해야 합니까?

Ⅱ. 표현해 봅시다

1 그림과 같이 대화해 봅시다.

어제 집을 계약했다고 들었는데 ① 이사는 언제 할 거야?

안 그래도 지금 이삿짐센터 홈페이지에서 알아보는 중이야. ② 평일에 해야 할지 주말에 해야 할지 잘 모르겠어.

② 주말에 하면 비용이 많이 들 거야.

③ 평일에 하려면 언제쯤 예약하면 될까?

④ 일찍 하면 고를 수 있는 날이 많으니까 지금 예약해 놔야지.

그래야겠구나. 너도 ⑤ 이사하는 날 도와줄 거지?

1)
① 이사 가는 집 청소는 어떻게 하다
② 내가 직접 하다 / 이삿짐센터에서 서비스를 받다
③ 청소 서비스를 안 받으면 많이 힘들다
④ 친구들한테 청소 좀 같이 해 달라고 부탁하다
⑤ 청소하러 오다

2)
① 이사는 어떻게 하다
② 일반 이사로 하다 / 포장 이사로 하다
③ 일반 이사로 하면 내가 혼자 할 수 있다
④ 미리 조금씩 짐을 싸다
⑤ 같이 짐을 싸다

비용 들다[2] 포장 이사

3)
1. 사다리차를 부르다
2. 엘리베이터를 이용하다 / 사다리차를 부르다
3. 엘리베이터를 이용하려면 어떻게 해야 되다
4. 관리실에 미리 말하다
5. 그날 짐을 나르다

4)
1. 벽지를 새로 바르고 들어가다
2.
3.
4.
5.

2 이사한 경험에 대해서 친구에게 묻고 자신의 대답을 정리해서 보기 와 같이 글을 써 봅시다.

지금 어디에 살아요?

· 학교에서 가까운 곳

이삿날 누가 도와줬어요?

· 이삿짐센터 직원
· 학교 친구들

이삿날 뭘 했어요?

· 청소
· 정리
· 짜장면 식사

집들이 선물로 뭘 받았어요?

· 휴지

이사한 곳	☐ 넓은 곳	☑ 가까운 곳	☐ 조용한 곳
	☐ 기타 ________		
이사한 날	☐ 한국에 올 때	☑ 지난 2월	☐ 기타 ________
이사 방법	☑ 일반이사	☐ 포장이사	☐ 직접 옮김
짐을 옮긴 방법	☐ 계단	☑ 사다리차	☐ 엘리베이터

사다리차 관리실 나르다

보기

이사 경험

그동안 학교에서 좀 먼 곳에 살다가 지난 2월 학교에서 가까운 곳으로 이사를 했다. 한국에서는 학기가 시작되기 전 2월과 8월이 이사를 많이 하는 이사철이어서 이삿짐센터에 이사 날짜를 예약하기가 쉽지 않았다. 포장이사로 할지 일반 이사로 할지 조금 고민을 하다가 돈을 적게 쓰기 위해서 일반 이사로 예약했다. 이사 갈 집이 10층이어서 사다리차는 조금 비싸도 돈을 주고 빌려야 했다.

이사하는 날 친구들이 많이 도와주러 와서 이삿짐 정리가 생각보다 일찍 끝났다. 이삿짐을 정리하는 동안 요리하기가 불편해서 친구들과 함께 짜장면을 시켜 먹었다. 이사를 하고 1주일 후에 친구들을 초대해서 집들이를 했다. 한국 친구들이 나한테 부자가 되라고 하면서 집들이 선물로 모두 휴지를 주었다. 여러 나라 친구들이 자기 나라의 집들이 문화를 이야기하면서 즐거운 시간을 보냈다.

3 보기 와 같이 발표 내용에 대해 이야기해 봅시다.

보기

가: 좋은 정보 감사해요. 이사할 때 뭐가 제일 힘들었어요?

나: 돈을 적게 쓰려고 일반 이사를 했는데 3주일 전부터 짐을 조금씩 싸 놓는 것이 좀 힘들었어요.

III. 정리해 봅시다

이삿짐센터 홈페이지에 들어가서 이사 비용을 알아봅시다.

비용 알아보기

이사방법 가정집 이사 ▼ 포장이사 ▼

출발 주소

도착 주소

이사일

선택 ☐ 에어컨 옮기기
☐ 살고있는 집 사다리 ☐ 이사갈 집 사다리

✔ 비용 알아보기

이사철

04과 일상생활

2. 계란 껍데기도 종량제 봉투에다가 버리래요

• 학습 목표: 쓰레기 분리 배출 방법을 설명할 수 있다.

Ⅰ. 준비해 봅시다

- 존 씨가 가지고 있는 물건은 어느 통에 버려야 합니까?
- 여러분 나라에서도 쓰레기를 종류별로 나누어서 버립니까?

Ⅱ. 표현해 봅시다

1 그림과 같이 대화해 봅시다.

1)
① 건전지 / 일반 쓰레기
② 건전지 / 일반 쓰레기가 아니다
③ 형광등 / 일반 쓰레기
④ 일반 쓰레기가 아니다 / 따로 정해진 곳에 버리다
⑤ 다 쓰고 버리는 건 모두 일반 쓰레기이다

2)
① 의자 / 그냥 버리는 것
② 의자 / 그냥 버리면 안 되다
③ 거울 / 그냥 버려도 되는 것
④ 그냥 버리면 안 되다 / 주민센터에서 산 스티커를 붙여서 버리다
⑤ 헌 가구는 다 그냥 버리면 되다

버리다　계란 껍데기　음식물 쓰레기　일반 쓰레기　종량제 봉투　건전지　형광등
주민센터　스티커　헐다

3)
1. 깨진 유리컵 / 재활용품
2. 깨진 유리컵 / 일반 쓰레기이다
3. 조금 깨진 병 / 재활용품
4. 일반 쓰레기이다 / 종량제 봉투에 담아서 버리다
5. 유리는 다 재활용이 되다

4)
1. 칫솔 / 재활용품
2.
3. 욕실화 / 재활용품
4.
5.

2 쓰레기를 버린 경험에 대해서 친구에게 묻고 자신의 대답을 정리해서 보기 와 같이 블로그 글을 써 봅시다.

언제 많은 쓰레기가 생겼어요?

· 룸메이트가 고향으로 돌아가서 나도 이사를 했는데 그때 쓰레기가 많이 생겼다.

어떻게 버렸어요?

· 책상은 주민센터에서 스티커를 사 가지고 붙여서 버렸다.
· 옷, 음식물 쓰레기를 종류별로 따로따로 버렸다.

쓰레기가 많이 생긴 때	☐ 고향으로 돌아가면서 ☐ 이사를 온 후 집을 정리하면서 ☑ 다른 집으로 이사를 하면서 ☐ 친구와 파티를 한 후 방을 정리하면서 ☐ 기타 ______
버린 쓰레기	☐ 옷 ☐ 책상 ☐ 의자 ☐ 컴퓨터 ☐ 거울 ☐ 책 ☐ 비닐 ☐ 상자 ☐ 음료수병 ☐ 그릇 ☑ 먹고 남은 반찬 ☐ 요리할 때 사용한 기름 ☐ 기타 ______

재활용품 비닐

쓰레기를 버린 경험

한국생활 정보

한국에 와서 6개월 동안 친구와 오피스텔에서 지냈는데 친구가 고향으로 돌아가면서 나도 작은 원룸으로 이사를 했다. 이사를 할 때 필요하지 않은 물건을 많이 버리면서 한국의 쓰레기 버리는 방법을 잘 알게 됐다.

우선 책상이나 의자 같은 큰 가구는 주민센터에서 스티커를 사 가지고 붙여서 버려야 한다. 더 이상 입지 않는 옷도 이번에 많이 버렸는데 옷은 재활용품을 모으는 통에 그냥 넣으면 되니까 편했다. 냉장고 안의 오래 된 반찬들도 쓰레기봉투에 함께 담아서 버리려고 했는데 친구가 한국에서는 음식물을 버리는 쓰레기봉투가 따로 있다고 했다. 그리고 닭뼈나 계란 껍데기는 음식물 쓰레기가 아니기 때문에 일반 쓰레기봉투에 담아서 버리라고 했다.

쓰레기를 따로따로 버려야 하는 것이 좀 복잡하지만 환경을 보호하려면 나누어서 버리는 것이 맞다. 이번에 이사하면서 보니까 한 번도 쓰지 않고 버리는 물건이 너무 많았다. 앞으로는 물건을 살 때 꼭 필요한 물건만 사고 생활 쓰레기도 많이 줄여야겠다.

3 보기 와 같이 친구의 글을 읽고 이야기해 봅시다.

보기

가: 모든 쓰레기를 따로따로 버리려면 많이 귀찮지요?

나: 그래도 환경을 지킬 수 있으니까 좋은 점이 더 많다고 생각해요.

III. 정리해 봅시다

쓰레기를 줄일 수 있는 방법에 대해서 이야기해 봅시다.

복습 3-4과

1 미선과 웨이는 세 달 후에 결혼을 할 예정입니다. 같이 살 집을 알아보고 있는데 미선과 웨이가 살고 싶어 하는 집이 서로 다릅니다. 보기 와 같이 미선과 웨이가 어떤 집에서 살면 좋을지 이야기해 봅시다.

보기

"맞벌이 부부들에겐 아파트가 편하죠. 집안일을 나눠서 할 건데요, 쓰레기도 아무 때나 버릴 수 있으니까 편할 것 같아요. 아파트가 단독주택에 비해서 값도 싸고요."

가: 집을 구할 때는 현재 가진 돈이 얼마냐가 제일 중요한 것 같아요. 두 사람이 가지고 있는 돈으로 구할 수 있는 집을 선택하면 되지 않을까요?

가: 맞벌이 부부는 집안일 할 시간도 별로 없으니까 쓰레기라도 아무 때나 버릴 수 있는 아파트가 편하지 않나요?

가:

가:

"회사에서 좀 멀어도 집은 편안해야죠. 강아지가 마음껏 뛰어놀 수 있는 교외 주택에 살면 좋겠어요. 주변도 조용하고 마당도 이용할 수 있을 테니까요."

나: 그래도 미선 씨는 키우던 강아지를 계속 키우고 싶어 하니까 주택이 좋을 것 같아요.

나: 미선 씨 말대로 주택에서 살면 필요할 때 마당을 이용할 수도 있으니까 좋을 것 같은데요.

나:

나:

2 결혼해서 집안일을 나눠서 한다면 나는 어떤 집안일을 할 것인지 목록을 적어 보십시오. 그리고 그에 맞게 서로 약속하는 편지를 써 봅시다.

✔ 요리 설거지 ✔ 청소 빨래 ✔ 쓰레기 버리기 **나:** 요리, 청소, 쓰레기 버리기 **남편/아내:**	나는 당신에게 다음과 같이 약속합니다. 첫째, 일주일에 한 번 이상 저녁 준비를 하겠습니다. 둘째, 남편/아내: ______ 서명

문화

이사 인사 문화

이사 한번 하는 것이 쉽지 않았던 때에는 손 없는 날(이사 가는 방향에 나쁜 기운이 없는 날)을 골라서 이사를 했다. 요즘은 손 없는 날을 따지기보다 직장에 나가지 않아도 되는 주말에 주로 이사를 한다. 특히 학기가 시작되는 3월과 9월 직전에는 일년 중 이사하는 사람이 가장 많아서 이사철이라고도 불린다. 예전에는 이사를 가서 새로 만난 이웃에게 이사 떡을 돌리는 풍습이 있었다. 멀리 있는 친척보다 옆집 사람이 더 가깝다는 의미에서 '이웃사촌'이라는 말도 유행이었다.

요즘은 낮에 집에 있는 사람들이 별로 많지 않아서 예전만큼 이웃과 가까이 지내기가 어렵다. 하지만 아직도 아이가 있는 가족이 아파트로 이사를 갔을 때에는 아랫집에 인사를 가는 문화가 있다. 이사를 한 후 케이크나 과일 등을 들고 가서 "안녕하세요, 윗집에 새로 이사 왔어요. 우리 아이들이 아직 어려서요. 조용히 시키겠지만 층간 소음 때문에 불편하게 해 드릴까 봐 걱정이 되네요."라고 하면서 미리 양해를 구하는 모습을 볼 수 있다. 이사를 가서 엘리베이터 같은 곳에서 이웃과 눈이 마주쳤다면 "5층에 새로 이사 왔어요."라고 하면서 먼저 인사를 해 보자.

05과 음식과 요리

1. 밥공기를 들고 먹었더니 그렇게 하지 말래요

• 학습 목표: 여러 나라의 식사 예절을 비교할 수 있다.

Ⅰ. 준비해 봅시다

- 여러분이 에릭 씨라면 어떻게 하겠습니까?
- 여러분 나라에서 윗사람과 식사할 때 꼭 지켜야 하는 예절은 무엇입니까?

II. 표현해 봅시다

1 그림과 같이 대화해 봅시다.

① 어제 회사 신입사원 환영회에서 식사는 잘 했어요?

네, 그런데 제가 ② 한국에 온 지 얼마 안 됐잖아요. 밥을 먹을 때 ③ 밥공기를 들고 먹었더니 옆에서 그렇게 하지 말래요.

그래요? 왜 그렇대요?

④ 그렇게 하는 건 한국에서 예의가 아니라고 하면서 밥공기를 식탁에 놓고 먹어야 한대요.

그렇군요. 저도 ② 한국 사람과 식사할 때 조심해야겠네요.

나라마다 식사 예절이 다르니까 실수하지 않으려면 미리 좀 배워 놔야 될 것 같아요.

1)
① 지난주에 중국 출장 가서 만난 회사 사람들하고
② 중국에 처음 갔다
③ 젓가락을 잠깐 밥에 꽂다
④ 그건 제사 때 하는 거여서 보통 때는 밥공기에 젓가락을 꽂지 않다

2)
① 그저께 일본에 가서 교수님하고
② 일본 사람과 처음 밥을 먹었다
③ 밥공기를 식탁에 놓고 먹다
④ 일본 사람들은 젓가락만 사용하니까 흘리지 않으려면 밥공기를 들고 먹어야 하다

밥공기 식탁 예절 꽂다

3)
1. 지난 주말에 러시아 친구들하고
2. 러시아 예절에 익숙하지 않다
3. 빈 술병을 식탁 위에 올려놓았다
4. 그렇게 하면 나쁜 일이 생긴다고 믿어서 빈 술병은 식탁 아래에 내려놓다

4)
1. 어제 방 친구 부모님하고
2.
3.
4.

2 식사 예절에 대해서 친구에게 묻고 자신의 대답을 정리해서 보기 와 같이 식사 예절 설명 글을 써 봅시다.

어느 나라 식사 예절을 소개할 거예요?

· 한국의 식사 예절

그 식사 예절은 언제 배웠어요?

· 한국 친구나 그 친구의 가족들을 만날 때 보고 들었다.

제목	· 한국의 식사 예절	
식사 전	· 윗사람이 먼저 식사를 시작할 때까지 아랫사람들은 기다린다.	
식사 중	· 맛있는 반찬은 혼자 다 먹지 않는다. · 식사 속도를 다른 사람과 맞춘다. · 술잔을 두 손으로 들고 술을 받는다.	
식사 후	· 아랫사람이 먼저 일어나지 않는다.	

술잔

보기

한국의 식사 예절

한국에서는 윗사람이 식사를 시작할 때까지 아랫사람들이 기다려야 한다. 식사 중에는 어떤 반찬이 특별히 맛있어도 혼자 다 먹으면 안 된다. 반찬을 한 그릇에 담아서 같이 먹기 때문이다. 식사할 때에는 다른 사람보다 너무 빨리 먹거나 너무 천천히 먹지 않는 것이 좋다. 그리고 술을 마실 때 윗사람이 술을 주시면 두 손으로 술잔을 들고 술을 받아야 한다. 술을 잘 못 마시면 술잔을 입술에 대기만 해도 된다. 식사가 먼저 끝나도 윗사람이 일어나기 전에 먼저 일어나는 것은 실례이다. 어느 나라에서나 똑같겠지만 윗사람이 자신의 밥값까지 계산한다면 꼭 고맙다고 인사를 드려야 한다.

3 보기 와 같이 친구의 글을 읽고 이야기해 봅시다.

보기

가: 만약 식사 후에 윗사람보다 먼저 일어나야 할 일이 생기면 어떻게 하지요?

나: 죄송하지만 급한 일이 있다고 말씀 드리고 일어나면 된대요.

III. 정리해 봅시다

오늘 배운 다른 나라의 식사 예절을 여러분 나라에 소개해 봅시다.

05과 음식과 요리

2. 재료를 깨끗하게 씻고 나서 먹기 좋게 자릅니다

• 학습 목표: 몸에 좋은 음식의 요리 방법을 설명할 수 있다.

Ⅰ. 준비해 봅시다

• 어느 음식을 먹으면 감기가 빨리 나을 것 같습니까?
• 여러분은 감기에 걸렸을 때 꼭 찾아서 먹는 음식이 있습니까?

Ⅱ. 표현해 봅시다

1 그림과 같이 대화해 봅시다.

1)
① 요즘 입맛이 없다
② 식욕이 생기다
③ 김치찌개
④ 김치와 고기를 같이 끓이면 매운맛이 적당히 부드러워지다
⑤ 냄비에 김치와 돼지고기를 썰어 넣다 / 물을 붓고 푹 끓이다

2)
① 어제 술을 많이 마셨다
② 속이 금방 편안해지다
③ 콩나물국
④ 단백질과 비타민이 풍부하다
⑤ 콩나물을 소금물에 끓이다 / 파를 좀 썰어 넣고 먹다

영양이 풍부하다　다듬다

3)
① 요즘 일이 많다
② 힘이 나다
③ 삼계탕
④ 약으로도 쓰이는 인삼을 넣다
⑤ 닭고기 안에다가 인삼과 쌀을 넣다 / 약한 불로 30분쯤 끓이다

4)
① 변비가 심하다
②
③
④
⑤

2 건강식에 대해서 친구에게 묻고 자신의 대답을 정리해서 보기 와 같이 음식 소개 글을 써 봅시다.

어떤 증상에 좋은 음식을 소개할 거예요?

· 고향에서 감기에 걸렸을 때 많이 먹는 음식을 소개하려고 한다.

그 음식 이름이 뭐예요?

· 양파 우유

제목	· 핀란드의 감기 치료제 '양파우유'	
증상	· 감기	
재료	· 양파, 우유, 소금, 후추	
요리법	· 양파를 씻어서 썬다. → 양파에 우유를 넣고 끓인다. → 소금과 후추로 간을 한다.	
좋은 점	· 영양이 풍부하고 소화가 잘된다.	

우리나라 건강식 소개

핀란드의 감기 치료제 '양파우유'

핀란드에서는 감기에 걸리면 '양파우유'를 먹어요. 오늘은 '양파우유' 만드는 방법을 소개해 드릴게요.

양파우유를 끓이려면 그 이름에서 알 수 있는 것처럼 양파와 우유를 준비하셔야 해요. 먼저 양파를 다듬고 나서 적당한 크기로 써세요. 거기에다가 우유를 붓고 나서 끓이세요. 20분 정도 끓인 후에 불을 끄고 소금과 후추로 간을 하면 끝이에요.

양파우유는 영양이 풍부하고 소화도 잘돼요. 그래서 감기에 걸렸을 때 양파우유를 끓여서 먹으면 금방 나아요. 건강에 좋은 음식을 드시고 싶다면 오늘은 양파우유를 한번 만들어 드셔 보세요. 그러면 감기도 낫고 기분도 좋아질 거예요.

3 보기 와 같이 친구의 글을 읽고 이야기해 봅시다.

보기

가: 양파우유는 아침, 점심, 자기 전 중에서 언제 먹는 게 제일 좋아요?

나: 아무 때나 먹어도 되고 자주 먹어도 좋아요.

Ⅲ. 정리해 봅시다

여러분이 잘 만드는 요리 방법을 소개해 봅시다.

배꿀차 만들기

배꿀차가 감기에 좋다면서요? 그래서 저도 오늘 감기에 걸린 친구를 위해 배꿀차를 만들었답니다.

배의 속을 파내고 나서 대추와 꿀을 넣어요.
20분 정도 찌면 맛있는 배꿀차가 만들어집니다.

배꿀차　꿀

06과 병원

1. 약을 바르고 푹 쉬었는데도 계속 아파요

• 학습 목표: 병원 이용 경험을 소개할 수 있다.

Ⅰ. 준비해 봅시다

- 타오 씨가 왜 당황스러워합니까?
- 여러분이 한국에서 병원에 간다면 무엇이 제일 어려울 것 같습니까?

1 그림과 같이 대화해 봅시다.

1)
① 몸이 안 좋다
② 열이 나고 몸이 떨리다
③ 약을 먹고 옷을 따뜻하게 입었다
④ 환절기에는 감기에 걸리다 / 종합병원 안에 있는 국제진료센터
⑤ 홈페이지에서 바로 예약할 수 있다
⑥ 어느 병원으로 가야 할지 몰랐다

2)
① 자세가 좀 불편하다
② 요즘 컴퓨터를 할 때마다 손목이 아프다
③ 파스를 붙이고 마사지를 했다
④ 치료를 빨리 안 받으면 더 나빠지다 / 학교 앞에 있는 한의원
⑤ 예약하지 않고 그냥 가서 기다리면 되다
⑥ 한의원은 생각을 못 했다

혀　따갑다　부족하다　앱　종합병원　국제진료센터　자세　치료를 받다　한의원

3)
1. 얼굴이 좀 붓다
2. 잇몸에서 피가 나고 입 냄새도 심하다
3. 약을 먹고 이를 잘 닦았다
4. 잇몸이 안 좋으면 피가 나다 / 학교 안에 있는 건강센터
5. 홈페이지에서 예약하면 문자가 오다
6. 학교 안에서 치료를 받을 수 있는지 몰랐다

4)
1. 강아지가 아프다
2.
3.
4. / 가까운 동물 병원
5.
6.

2 병이 났을 때 어떻게 했는지 친구에게 묻고 자신의 대답을 정리해서 보기 와 같이 발표해 봅시다.

아플 때 무엇을 했어요?	☐ 약국에 갔다. ☑ 병원에 갔다. ☐ 한의원에 갔다. ☐ 집에서 그냥 쉬었다. ☐ 학교 안의 건강센터에 갔다. ☐ 기타 ________	
언제 어떻게 아팠어요?	· 지난 달 기말 시험이 끝나자마자 · 혀에 하얀 것이 생겨서 따가웠다.	
왜 그런 병이 생겼을까요?	· 친구가 비타민이 부족해서 그런 것 같다고 했다.	
어떻게 해서 나았어요?	· 엉덩이에 주사를 맞았다. · 무리하지 않고 집에서 푹 쉬었다.	

잇몸　건강센터　엉덩이　주사를 맞다

보기

병원 이용 경험

여러분은 건강에 문제가 생긴 적이 있어요? 저는 지난 달 기말 시험이 끝나자마자 혀가 아파서 거울을 봤더니 혀에 하얀 게 많이 생겨 있었어요. 친구한테 말했더니 비타민이 부족해서 그런 것 같다고 했어요. 병원에 가서 접수를 시키고 내 순서를 기다려서 의사한테 진료를 받았어요. 제가 평소에도 한국말을 별로 잘 못하지만 혀가 아파서 한국말을 더 못했는데도 의사는 잘 이해했어요. 진료가 끝나고 나서 수납을 하고 처방전을 받았어요. 엉덩이에 주사를 맞아서 놀랐지만 재미있는 경험이었어요. 나흘 정도 무리하지 않고 집에서 쉬었더니 금방 나았어요. 아플 때는 푹 쉬는 게 제일인 것 같아요.

3 보기 와 같이 발표 내용에 대해 이야기해 봅시다.

보기

가: 왜 갑자기 혀에 하얀 게 생겼는지 의사 선생님께 물어 봤어요?

나: 과일이랑 고기 같은 것을 거의 안 먹어서 영양이 부족해졌다고 했어요.

III. 정리해 봅시다

여러분 나라의 병원 이용 방법을 인터넷에 소개해 봅시다.

내 블로그 | 이웃 블로그 | 블로그홈 로그아웃

프롤로그 | 블로그

우리나라로 여행 와서 아플 때는 이렇게 하세요!

진료 수납 처방전

06과 병원

2. 다 나으려면 약을 얼마나 먹어야 할까요?

• 학습 목표: 증상을 구체적으로 설명할 수 있다.

Ⅰ. 준비해 봅시다

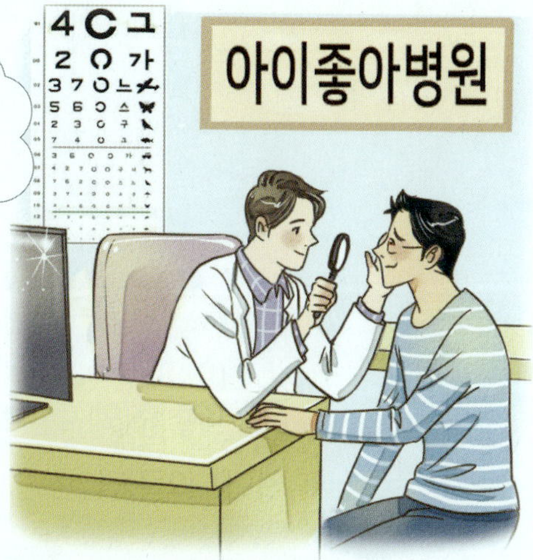

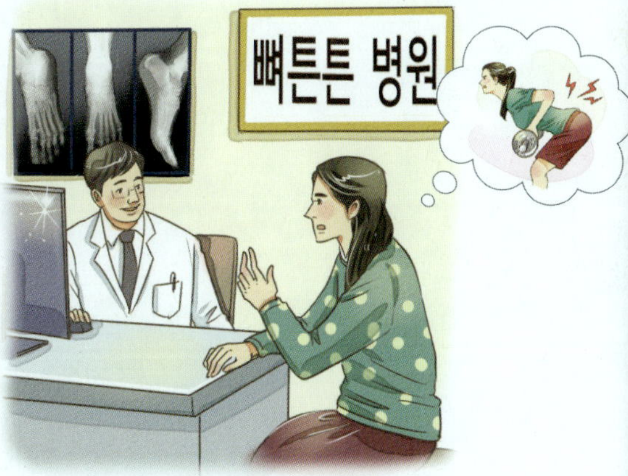

- 사람들은 어느 병원에 가야 할까요?
- 여러분은 어떤 증상 때문에 병원에 갔습니까?

II. 표현해 봅시다

1 그림과 같이 대화해 봅시다.

어디가 안 좋으세요?

① 최근에 날마다 술을 마셨는데 속이 너무 쓰리고 어지러워요.

언제부터 아프기 시작했어요?

② 어제 저녁부터 머리가 깨질 것처럼 아팠어요.

③ 술 때문이에요.
④ 앞으로 술을 계속 마시면 더 심해질지도 몰라요.
약을 처방해 드릴게요.

⑤ 다 나으려면 약을 얼마나 먹어야 할까요?

1)
① 옷을 얇게 입고 외출해서 비를 맞았다 / 온몸이 아프고 열이 나다
② 어젯밤부터 너무 아파서 잠을 자기가 힘들다
③ 독감
④ 푹 쉬지 않으면 증상이 더 심해지다
⑤ 회복되다 / 얼마나 걸리다

2)
① 어제 태어나서 처음으로 회를 먹었다 / 갑자기 설사를 하고 두드러기가 났다
② 점심을 먹고 나서부터 배가 심하게 아프기 시작했다
③ 식중독
④ 며칠간 죽만 드시고 음식을 조심하지 않으면 더 힘들어지다
⑤ 밥을 먹다 / 얼마나 지나야 하다

증상 속이 쓰리다 어지럽다 처방하다 온몸 독감 회복되다 두드러기 식중독 죽

3)
1. 며칠 전에 렌즈를 오래 꼈다 / 눈이 너무 가렵고 빨갛다
2. 이틀 전부터 눈물이 계속 나서 눈을 뜨기가 힘들다
3. 렌즈 때문이다
4. 렌즈를 계속 끼면 눈이 더 상하다
5. 다시 렌즈를 끼다 / 얼마나 기다려야 하다

4)
1. 요즘 너무 무리하다 /
2.
3.
4.
5.

2 병원에 가서 치료 받은 경험에 대해서 친구에게 묻고 보기 와 같이 대화해 봅시다.

병원에 언제 간 이야기를 할 거예요?	☑ 어제 ☐ 어렸을 때 ☐ 고등학생 때 ☐ 기타 ________	
어느 병원에 갔어요?	☑ 내과 ☐ 정형외과 ☐ 성형외과 ☐ 피부과 ☐ 안과 ☐ 정신과 ☐ 기타 ________	
증상이 어땠어요?	· 어제 아침부터 속이 쓰리고 많이 토했다. · 머리가 깨질 것처럼 아프고 어지러웠다.	
왜 그런 증상이 생긴 것 같아요?	· 2주 동안 매일 술을 마셨다.	
의사가 어떤 처방을 해 줬어요?	· 술을 마시지 말아야 한다. · 일주일 정도 약을 먹어야 한다.	
다른 치료 방법을 알아요?	· 꿀물 · 콩나물국	

가렵다 눈을 뜨다 내과 정형외과 성형외과 피부과 안과 정신과

보기

가: 언제 병원에 갔어요?
나: 어제 오후에 내과에 갔다 왔어요.
가: 아, 그래요? 어디가 얼마나 아팠는데요?
나: 어제 아침부터 속이 쓰리고 많이 토했어요. 머리도 너무 아프고 어지러워서 죽는 줄 알았어요.
가: 힘들었겠어요. 왜 그런 증상이 생긴 거예요?
나: 2주 동안 술을 매일 마셨더니 술병에 걸린 것 같아요.
가: 의사 선생님이 뭐라고 했어요?
나: 앞으로 술은 절대로 많이 마시지 말고 일주일 정도 약을 먹으래요.
가: 맞아요. 술은 많이 안 마시는 게 좋아요. 그리고 술을 마시고 속이 쓰릴 때는 꿀물이나 콩나물국을 먹는 게 도움이 돼요.

3 보기 와 같이 대화 내용에 대해 이야기해 봅시다.

보기

가: 많이 아팠겠어요. 의사한테 한국말로 증상을 설명하기가 어렵지 않았어요?
나: 학교에서 배운 표현을 썼더니 의사 선생님이 제 말을 잘 이해하셨어요.

III. 정리해 봅시다

병원에 다녀온 후에 생각한 것을 일기로 써 봅시다.

00월 00일 비 온 뒤 흐림

나는 술을 아주 좋아하고 많이 마셔도 취하지 않는 편이다. 그런데 지난 2주 동안 매일 술을 마셨더니 어제 아침부터 속이 쓰리고 머리가 깨질 것처럼 아팠다. 내과에 가서 진찰을 받았는데 의사가 이렇게 계속 술을 많이 마시면 큰 병에 걸릴지도 모른다고 했다. 그동안 나는 술을 잘 마시는 것이 내 장점이라고 생각했다. 하지만 다시는 이렇게 술병으로 고생하고 싶지 않다. 이제부터 술을 줄여야겠다.

진찰

복습 5-6과

1 그림을 보고 보기 와 같이 대화하십시오.

웨이가 미선의 부모에게 인사를 드리러 가기로 한 후에 한국의 식사 예절에 대해서 미선에게 묻는다. 미선의 집에서 웨이는 식사할 때 너무 긴장을 해서 그런지 배탈이 난다. 미선의 아버지는 웨이를 응급실에 데려다 주고 웨이는 의사를 만나서 증상을 이야기한다.

보기

웨이: 한국에서는식사할때윗사람이먼저숟가락을 들 때까지 기다려야 한다면서?

미선: 맞아. 오늘 우리 부모님과 식사하는 자리에서 실수하지 않으려면 한국의 식사 예절을 알고 가는 게 좋겠지?

웨이: 또 내가 조심해야 할 게 있어?

미선: 밥그릇은 들고 먹으면 안 돼. 밥과 국은 숟가락으로 먹고 식탁 위에서는 한 손만 사용하는 게 좋아.

미선 어머님:

웨이:

미선 아버님:

웨이:

의사:

웨이:

2 다음 날 웨이가 미선의 부모님께 편지를 쓰려고 합니다. 고마워하는 마음을 담아 편지를 써 보십시오.

아버님, 어머님께

웨이 올림

문화

건배사

한국에는 여러 사람이 모여서 술을 마실 때 다 같이 잔을 부딪치면서 '건배'라고 외치는 문화가 있다. 요즘은 '건배'라는 말 대신에 특별한 건배사를 하는 것이 유행이다. 건배사란 그 자리에 있는 사람들의 건강이나 행운을 빌면서 하는 멋진 말을 가리킨다. 인상적인 건배사를 만들기 위해서 줄임말로 재미있는 건배사를 만들기도 한다. 어떤 줄임말 건배사가 있는지 검색해 보자.

07과 문화생활

1. 뮤지컬이라든가 콘서트 같은 공연을 보고 싶어요

• 학습 목표: 보고 싶은 영화나 공연 관람을 제안할 수 있다.

Ⅰ. 준비해 봅시다

작품 검색하기

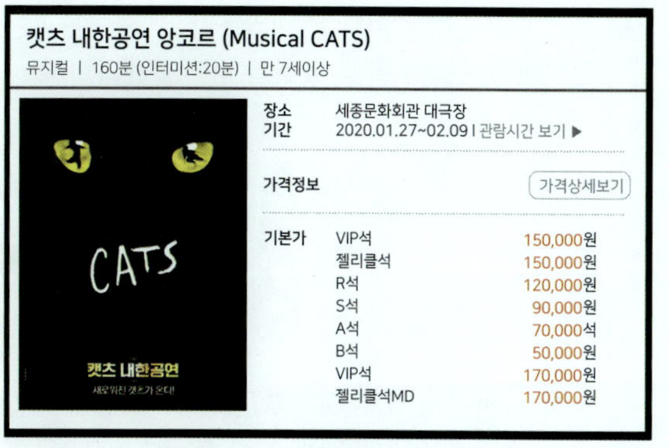

가격 알아보기

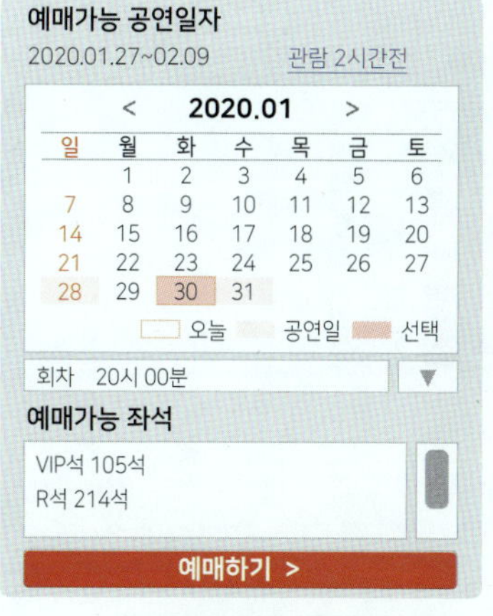

날짜 정하기

좌석 선택하기

• 인터넷으로 표를 살 때 어떤 순서로 예매합니까?
• 무엇을 관람하기 위해서 인터넷 예매를 해 봤습니까?

II. 표현해 봅시다

1 그림과 같이 대화해 봅시다.

❶ 오늘 오후에 뭐 할까?

음, ❷ 영화 보러 가는 거 어때?

좋아, ❸ <부산행>이라든가 <좀비의 집> 같은 공포 영화를 보면 좋겠다.

❹ 평일에는 보통 자리가 많은데 오늘은 토요일이라서 거의 매진됐을 거야.

❺ 내가 지금 인터넷으로 좌석을 확인해 볼게.

❻ 연인석밖에 안 남았는데 비싸도 이걸로 하자.

1)
❶ 시험 끝나는 주말
❷ 공연을 보다
❸ 뮤지컬 / 콘서트 같은 공연
❹ 겨울 방학 때는 공연이 많다 / 요즘은 유명한 공연이 많이 끝났다
❺ 어떤 공연이 있는지 찾아보다
❻ 너무 비싼 표만 남았으면 다음에 보다

2)
❶ 오늘 저녁
❷ 경기장에 가 보다
❸ 야구 / 농구 같은 함께 응원할 수 있는 경기
❹ 요즘 야구철이라서 야구를 많이 하다 / 이 시간에는 경기가 벌써 시작됐다
❺ 지금 볼 수 있는 경기 일정을 알아보다
❻ 응원단을 가까이에서 볼 수 있는 좌석으로 예매하다

관람하다 매진되다 좌석 연인석 응원단

3)
1 이번 연휴
2 전시회에 가 보다
3 궁 / 박물관 같은 한국 역사를 알 수 있는 데
4 지난달부터 한국 전쟁 사진전을 하고 있다 / 전시 기간이 별로 안 남았다
5 예매 가능한 날짜를 확인하다
6 할인 받을 수 있는 카드가 있는지도 알아보다

4)
1
2 영화 (공연, 운동 경기)
3
4
5
6

2 추천하고 싶은 영화(공연, 경기)에 대해서 친구에게 묻고 자신의 대답을 정리해서 보기 와 같이 발표해 봅시다.

누구에게 추천하고 싶어요?	☐ 선생님 ☐ 한국 친구 ☐ 연애를 시작한 친구 ☑ 한국에 여행 온 고향 친구 ☐ 공부 때문에 스트레스를 많이 받는 친구 ☐ 배우 OOO를 좋아하는 친구 ☐ 기타 ________	
어떤 문화생활을 추천하고 싶어요?	☐ 영화 ☑ 운동 경기 ☐ 전시회 ☐ 콘서트 ☐ 연극 ☐ 뮤지컬 ☐ 기타 ________	
어떻게 표를 구할 거예요?	☐ 초대권 ☑ 온라인 예매 ☐ 직접 가서 사기 ☐ 기타 ________	
표를 싸게 사는 방법이 있어요?	☐ 학생 할인 ☐ 외국인 할인 ☑ 할인되는 카드 ☐ 기타 ________	
왜 그 문화생활을 선택했어요?	· 고향 친구에게 한국 응원 문화를 소개하고 싶다. · 야구장에서 먹는 치맥이 맛있어 보인다.	

전쟁

보기

추천하고 싶은 문화생활

서울에 여행 온 고향 친구에게 어떤 문화생활을 추천하면 좋을까요? 저는 같이 야구장에 가는 것이 제일 좋을 것 같아요. 한국에서는 우리나라와 다르게 경기장에서 노래를 부르고 춤을 추면서 응원을 하니까 고향 친구에게 재미있는 경험이 될 거예요. 저도 아직 못 해봤는데 친구하고 같이 야구장에 가서 꼭 치맥을 먹어 보고 싶어요. 저는 두산 베어스(Doosan Bears) 팀을 좋아하니까 친구에게 이 팀 경기를 보러 가자고 할 거예요. 야구장 기념품 가게에서 티셔츠를 사 입고 같이 응원을 하면 두산 베어스 팀이 이길 것 같아요. 온라인으로 표를 쉽게 예매할 수 있고 제 신용카드로 할인을 받을 수도 있어요. 한국의 응원 문화에 관심이 있는 분은 이번 주말에 저랑 같이 야구장에 갑시다.

3 보기 와 같이 발표 내용에 대해 이야기해 봅시다.

보기

가: 운동 경기를 싫어하는 친구에게는 어떤 문화생활을 추천하는 게 좋을까요?

나: 한국말을 몰라도 즐겁게 볼 수 있는 '난타(Nanta)' 공연은 어떨까요?

Ⅳ. 정리해 봅시다

영화나 공연, 경기를 관람한 후에 생각한 것을 일기로 써 봅시다.

00월 00일 맑음

지난 주말에 오랜만에 영화를 봤다. <부산행>이라고 하는 좀비 영화였다. 내가 좋아하는 무서운 영화인 데다가 가족에 대해 많이 생각해 볼 수 있어서 참 좋았다. 이번 방학에 KTX를 타고 부산 여행을 가기로 했다. 기차에서 이 영화를 생각하면 좀 무섭겠지만 그래서 더 재미있는 여행이 될 것 같다.

07과 문화생활

2. 그래서 오래된 작품인데도 공연할 때마다 매진이 되나 봐요

• 학습 목표: 작품의 감동적인 부분에 대해서 감상평을 할 수 있다.

Ⅰ. 준비해 봅시다

뮤지컬

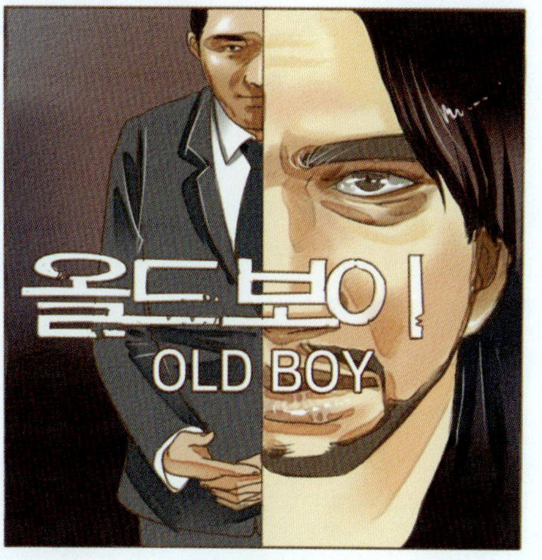

영화

연극

드라마

- 어느 장르의 공연을 즐겨 봅니까?
- 지금까지 본 작품 중에서 무엇이 제일 감동적이었습니까?

II. 표현해 봅시다

1 그림과 같이 대화해 봅시다.

주말에 뭐 했어요?

① <캣츠>라는 뮤지컬을 봤는데 정말 신났어요.

저도 그거 봤어요. ② 무대가 정말 환상적이었어요. ③ 음악도 잘 알려졌잖아요.

맞아요. 그래서 ④ 오래된 작품인데도 공연할 때마다 매진이 되나 봐요.

⑤ 고양이들의 노래와 연기가 관객의 마음을 움직였다고 생각해요. 윤아 씨는 뭐가 제일 기억에 남아요?

⑥ 여자 고양이가 주제가인 <메모리>를 부르는 장면이 정말 감동적이었어요.

1)
① <올드보이> / 영화 / 인상적이다
② 배우들의 연기가 정말 훌륭하다
③ 감독도 세계적으로 유명하다
④ 20년 전 영화이다 / 지금까지 인기가 많다
⑤ 영화 음악도 주제와 잘 어울리다
⑥ 주인공이 산낙지를 먹다 / 제일 인상적이었다

2)
① <백설공주를 사랑한 난쟁이> / 뮤지컬 / 감동적이다
② 노래와 춤이 정말 아름답다
③ 우리가 아는 백설공주 이야기와도 다르다
④ 어린이들을 위해서 시작한 공연 / 어른 관객이 더 많다
⑤ 주인공이 공주를 사랑하는 마음을 춤으로 잘 표현했다
⑥ 주인공이 말을 못해서 공주에게 사랑을 고백하지 못하다 / 참 슬펐다

신나다 무대 환상적 알려지다 작품 관객 주제가 감동적 인상적
감독 세계적 주인공 표현하다 고백하다

3)

1. <응답하라 1988> / 드라마 / 한국적이다
2. 내용이 정말 재미있다
3. 80년대 한국 사람들의 생활 모습도 알 수 있다
4. 옛날 이야기 / 보는 사람들마다 다 좋아하다
5. 지금까지 본 한국 드라마 중에서 최고의 작품이다
6. 80년대 노래로 춤을 추다 / 재미있었다

4)

1. <   >라는 영화(공연, 드라마) / 재미있다
2.
3.
4.
5.
6.

2 감동적이었던 작품에 대해서 친구에게 묻고 자신의 대답을 정리해서 보기 와 같이 소개해 봅시다.

어떤 작품이에요?	☐ 영화 ☐ 연극 ☑ 뮤지컬 ☐ 드라마 ☐ 소설	
작품명이 뭐예요?	· 캣츠	
언제 봤어요?	· 지난주	
무슨 내용이에요?	· 최고의 고양이를 뽑기 위해 열린 축제 이야기	
뭐가 재미있었어요?	· 영어를 잘 몰라도 즐겁게 볼 수 있다. · 관객석으로 찾아오는 고양이와 같이 사진을 찍을 수 있다.	
어떤 부분이 제일 감동적이었어요?	· 고양이가 부르는 노래가 감동적이어서 노래방에 가서 불러 보고 싶다.	

한국적

보기

가장 감동적이었던 작품

안녕하세요? 저는 뮤지컬광 이윤아입니다. 지난주에 저는 오랫동안 정말 보고 싶었던 뮤지컬 <캣츠>를 보고 왔어요. 뮤지컬에 관심이 별로 없는 분들도 이 제목을 한 번쯤 들어보셨을 거예요. 이 뮤지컬의 내용은 일 년마다 열리는 축제에서 제일 특별한 고양이를 뽑는 이야기예요. 공연이 시작되자마자 저는 환상의 세계로 초대 받은 느낌이 들었어요. 무대 위에 그려진 고양이 눈이 저를 부르는 것 같아서 가슴이 두근두근했고요. 영어를 잘 몰라도 즐겁게 볼 수 있었어요. 뮤지컬이 끝나고 관객석으로 찾아오는 고양이들이 너무 멋져서 소리를 질렀더니 목이 좀 쉬었어요. 목이 다 나으면 코인 노래방에 가서 주제가를 불러 봐야겠어요. 여러분도 꼭 이 뮤지컬을 한 번 보시기 바랍니다.

3 보기 와 같이 발표 내용에 대해 이야기해 봅시다.

보기

가: 어느 나라 말로 공연했어요?

나: 영어로 했는데 무대 옆에 한국어 자막도 있었어요.

Ⅲ. 정리해 봅시다

영화나 공연을 본 후에 추천하는 글을 남겨 봅시다.

택시운전사
A Taxi Driver

영화정보

관람객 ★★★★☆ 기자 ★★★☆☆

등록

______광 축제 두근두근하다 소리를 지르다 자막

08과 생활 습관

1. 엄마도 밤에 스마트폰을 못 보게 하셨어

• 학습 목표: 고치고 싶은 습관과 건강을 위한 계획을 말할 수 있다.

Ⅰ. 준비해 봅시다

- 타오 씨에게 어떤 습관이 있습니까?
- 여러분도 고치고 싶은 생활 습관이 있습니까?

1 그림과 같이 대화해 봅시다.

① 오늘도 학교에 늦게 왔어.

너 요즘 ② 지각을 많이 하네.

③ 스마트폰을 보다가 늘 늦게 자서 그래.

신문 기사를 보니까 ④ 밤에 스마트폰을 보면 잠들기 힘들대. ⑤ 밤에는 스마트폰을 보는 대신에 음악을 듣는 게 어때?

그래야겠다. ⑥ 고향에 있을 때 엄마도 밤에 스마트폰을 못 보게 하셨어.

이번 기회에 좋은 생활 습관으로 바꿔 봐.

1)
① 어제 / 술을 많이 마시다
② 자주 과음을 하다
③ 회식을 할 때마다 술을 마셔서 그런지 주량이 늘다
④ 요즘은 유명한 맛집에 가서 회식하는 회사가 많아지고 있다
⑤ 회사에다가 술을 마시다 / 맛집에 가자고 얘기해 보다
⑥ 아버지도 내가 회식을 간다고 하면 전화로 술을 많이 못 마시다

2)
① 지난 주말에 / 집에만 있다
② 전혀 운동을 안 하다
③ 밀린 드라마를 보다가 운동할 시간을 놓치다
④ 건강을 유지하려면 적어도 1주일에 한 번 이상 규칙적으로 운동을 해야 하다
⑤ 주말에 드라마를 보다 / 밖에 나가서 운동을 하다
⑥ 고등학교 때 선생님도 주말마다 운동을 하다

과음 주량 규칙적으로 적어도 회식 밀리다 유지하다

3)
1. 어제 / 밤에 치킨을 먹다
2. 밤에 뭘 많이 먹다
3. 밤에 늦게 자서 그런지 밤마다 배가 고프다
4. 야식이 건강에 안 좋다
5. 밤늦게 배가 고프면 치킨을 먹다 / 따뜻한 우유 같은 걸 마시다
6. 어렸을 때 가족들도 밤에 뭘 못 먹다

4)
1. 오늘 / 담배를 피우다
2.
3.
4.
5.
6.

2 생활 습관에 대해서 친구에게 묻고 자신의 대답을 정리해서 보기 와 같이 발표해 봅시다.

어떤 생활 습관을 고치고 싶어요?	☑ 늦게 잔다. ☐ 야식을 한다. ☐ 운동을 안 한다. ☐ 자주 과음을 한다. ☐ 기타 ________	
왜 고치고 싶어요?	· 늦게 일어나서 지각을 자주 한다. · 수업시간에 자꾸 졸게 된다.	
전에도 이런 습관이 있었어요?	· 고향에 있을 때도 자주 늦게 잤다.	
언제부터 이런 습관이 생겼어요?	· 혼자 산 후부터 이런 습관이 더 심해졌다.	
앞으로 어떻게 할 거예요?	· 밤에는 게임을 하는 대신에 음악을 듣다가 잘 것이다. · 지각을 하지 않겠다.	

야식 졸다

보기

고치고 싶은 생활 습관

지금부터 제 생활 습관의 문제점과 앞으로의 계획에 대해서 말씀드리겠습니다. 여러분도 아시는 것처럼 저는 요즘 지각을 자주 합니다. 아마 밤에 게임을 많이 해서 그런 것 같습니다. 저는 전쟁 게임을 좋아하는데 고향에서는 밤에 할 수 없었습니다. 어머니께서 밤에는 게임을 못하게 하셨기 때문입니다. 그런데 한국에서는 혼자 사니까 새벽까지 자주 게임을 하고 아침에는 자주 늦게 일어나게 되었습니다.

학교에 늦게 오니까 첫째 시간 수업도 제대로 못 듣고 수업시간에도 자주 졸았습니다. 그래서 오늘 이 시간에 저는 여러분과 한 가지 약속을 하려고 합니다. 이제부터 지각을 하지 않겠습니다. 우선 밤에는 게임을 하지 말라는 어머니 말씀을 지켜서 밤 10시가 지나면 게임을 하는 대신에 조용한 음악을 들으면서 잠을 자려고 합니다. 이렇게 하면 지각도 하지 않고 수업시간에 졸지도 않겠지요? 제가 이 약속을 잘 지키는지 여러분도 관심을 가지고 봐 주세요.

3 보기 와 같이 발표 내용에 대해 이야기해 봅시다.

보기

가: 계획을 잘 지켜서 앞으로는 정말 지각을 하지 않았으면 좋겠어요.

나: 저도 나쁜 생활 습관을 꼭 고치고 싶어서 오늘 여러분 앞에서 약속한 거예요.

III. 정리해 봅시다

한국에 와서 나빠진 생활 습관과 그 해결 방법에 대해서 말해 봅시다.

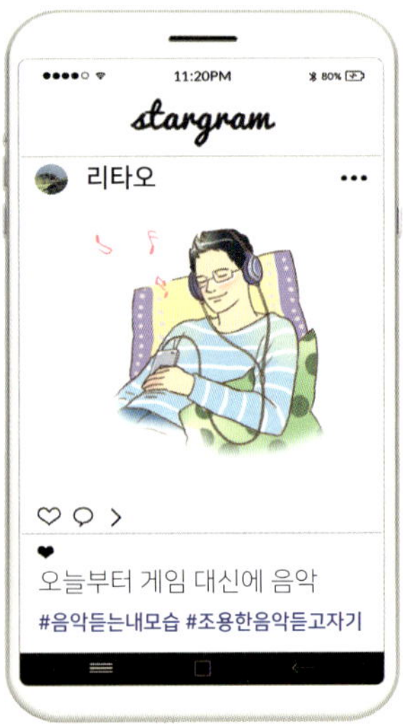

08과 생활 습관

2. 저는 요가를 하니까 피로가 풀리던데 한번 해 보세요

• 학습 목표: 신체 증상별로 건강에 좋은 운동을 추천할 수 있다.

Ⅰ. 준비해 봅시다

- 올리비아 씨와 타오 씨에게 어떤 문제가 있습니까?
- 여러분은 건강을 위해 무슨 운동을 하고 있습니까?

8-2

II. 표현해 봅시다

1 그림과 같이 대화해 봅시다.

요즘 잘 지내요?

뭐 그럭저럭 지내기는 하는데 ① 쉬지 못해서 그런지 좀 피곤하네요.

② 잠도 안 자고 일만 하니까 건강이 나빠진 거 아니에요?

그런 것 같아요. ③ 잠을 안 자는 것이 몸에 안 좋은 줄 알면서도 일이 밀리니까 잠을 줄이게 되네요. 혹시 ④ 피로를 풀고 싶을 때 하면 좋은 운동을 아세요?

저는 ⑤ 요가를 하니까 피로가 풀리던데 인터넷으로 동영상을 찾아서 한 번 따라 해 보세요.

알았어요. 내일부터 바로 시작해야겠어요.

1)
① 요 몇 달 도서관에서 한국어능력시험 준비만 하다 / 살이 자꾸 찌다
② 운동은 안 하고 공부만 하다
③ 평소에 운동이 부족하다 / 귀찮다 / 자꾸 미루다
④ 살을 빼다
⑤ 조깅을 하다 / 살이 빠지다 / 아침에 좀 일찍 일어나서 꼭 하다

2)
① 취업 때문에 스트레스를 받다 / 살이 너무 빠지다
② 밥도 안 챙겨 먹고 취업 준비만 하다
③ 밥을 제시간에 먹어야 하다 / 시간이 아깝다 / 자꾸 안 먹다
④ 몸이 튼튼해지다
⑤ 팔굽혀펴기를 하다 / 팔이 좀 튼튼해지다 / 하루에 스무 번씩 한 달만 하다

그럭저럭　요　한국어능력시험　빼다

3)
❶ 스트레스가 심하다 / 어깨 근육이 뭉치다
❷ 하루 종일 일만 하다
❸ 같은 자세로 오래 앉아 있는 것이 나쁘다 / 일이 많다 / 컴퓨터 앞에서 안 움직이다
❹ 뭉친 근육을 풀다
❺ 스트레칭을 하다 / 뭉친 근육이 풀리다 / 시간을 내서 자주 스트레칭을 하다

4)
❶ 저녁마다 야식을 하다 / 얼굴이 붓다
❷
❸
❹
❺

2 자신의 증상에 맞는 운동을 친구에게서 추천 받고 그 대답을 정리해서 보기 와 같이 대화해 봅시다.

요즘 건강하게 잘 지내고 있어요?

☑ 얼굴이 자주 붓는다.
☐ 뱃살이 자꾸 찐다.
☐ 잠을 잘 잘 수 없다.
☐ 항상 피곤하다.
☐ 조금만 걸어도 힘들다.
☐ 기타 ___________

제가 어떤 운동을 하면 좋을까요?

☑ 요가 ☐ 헬스 ☐ 수영
☐ 태권도 ☐ 테니스 ☐ 골프
☐ 기타 ___________________

그 운동은 어떻게 하는 거예요?

앉아서 다리를 뻗은 후 허리를 돌리고 잠깐 가만히 있어야 한다.

뭉치다

보기

가: 노라 씨, 오랜만이에요. 그런데 어디 아파요? 눈도 얼굴도 많이 부었어요.
나: 요즘 과로해서 그런지 아침마다 부기가 심해요. 그래서 매일 비타민을 먹고 있는데 효과가 별로 없는 것 같아요.
가: 비타민만으로는 안 돼요. 피로가 쌓였을 때는 운동을 하면서 바로바로 풀어야 해요.
나: 맞아요, 저도 알고 있는데 시간이 없어서 못 하고 있어요.
가: 운동이 좋은 줄 알면서도 바빠서 안 하는 사람이 많지요. 저는 요가를 하니까 좋던데 노라 씨도 한번 해 보세요.
나: 요가가 좋다는 말은 많이 들었는데 한 번도 안 해 본 사람은 어렵지 않을까요?
가: 일상생활에서 쉽게 할 수 있는 요가 방법을 알려 드릴게요. 먼저 앉아서 다리를 쭉 뻗으세요. 그리고 허리를 오른쪽으로 돌린 후 20초 동안 가만히 있어야 해요. 그 다음에는 허리를 왼쪽으로 돌리고 20초 동안 가만히 있으세요. 이 동작을 자기 전에 열다섯 번씩 하면 피로가 많이 풀릴 거예요.
나: 그래요? 기억해 두었다가 오늘 저녁부터 자기 전에 해 봐야겠어요.

3 보기 와 같이 친구들의 대화를 듣고 이야기해 봅시다.

보기

가: 저도 요가를 해 봤는데 특별한 준비가 필요 없는 데다가 피로도 잘 풀려서 좋았어요.
나: 맞아요. 텔레비전을 보면서도 할 수 있으니까 따로 시간을 낼 필요도 없고요.

III. 정리해 봅시다

여러분이 평소에 하는 운동을 추천해 봅시다.

Q 요즘 피곤해서 그런지 얼굴이 자주 붓습니다. 그래서 비타민을 먹고 있는데 효과가 없는 것 같아요. 피로를 풀고 싶을 때 하면 좋은 운동을 알려 주세요.

A 피로가 쌓이면 병이 생길 수 있기 때문에 피로는 바로바로 풀어야 합니다. 비타민을 먹는 것도 좋지만 영양제를 먹으면서 운동을 같이 하면 피로를 더 잘 풀 수 있습니다. 쉽게 할 수 있는 요가 방법을 알려 드릴게요. 앉아서 다리를 쭉 뻗은 후에 허리를 오른쪽으로 돌리고 20초 동안 가만히 있으세요. 그 다음에는 허리를 왼쪽으로 돌리고 20초 동안 가만히 있어 보세요. 이렇게 하루에 열다섯 번씩 하면 몸이 많이 건강해질 거예요.

부기　바로바로　뻗다

복습 7-8과

1 그림을 보고 보기 와 같이 대화하십시오.

웨이는 미선과 데이트를 할 때 공연이나 영화를 자주 보기 때문에 고향에 있을 때에 비해서 문화 생활을 많이 한다. 공연 관람이 끝나면 자연스럽게 식당으로 가서 뭔가를 먹으면서 같이 시간을 보내는 날이 많다. 그래서 최근 두 사람 다 살이 많이 쪘다. 결혼식이 얼마 남지 않았는데 한 달 전에 맞춘 턱시도와 드레스가 안 맞을 것 같아서 걱정이다.

보기

직원: 무슨 영화로 하시겠어요?

웨이: <지금 만나러 갑니다> 7시 걸로 주세요.

직원: 화면에 보이는 좌석 중에서 선택해 주세요.

웨이: J열 7번하고 8번으로 할게요.

미선:

웨이:

미선:

웨이:

미선:

웨이:

2 TV에서 하는 콘서트나 코미디 공연을 무료로 관람할 수 있다는 걸 아십니까? 방송국 홈페이지에 누구와 왜 보고 싶은지에 대해서 감동적으로 써서 올리면 초대권을 보내 줍니다. 관람하고 싶은 프로그램을 골라 신청해 봅시다.

신청자 정보

공연신청일자	[2020-12-21] 음악 여행 스케치
이름/SNS계정 (필수)	네이버 계정(SNS ID 정보)을 입력해주세요.
연락처 (필수)	010 – –
이메일 (필수)	wangwei @ Yonsei.ac.kr 메일주소 선택 ∨
신청매수	2장 ∨
신청이유	< 음악 여행 스케치 > PD님 안녕하세요! 저는 중국에서 온 왕웨이라고 합니다.

문화

유행하는 운동

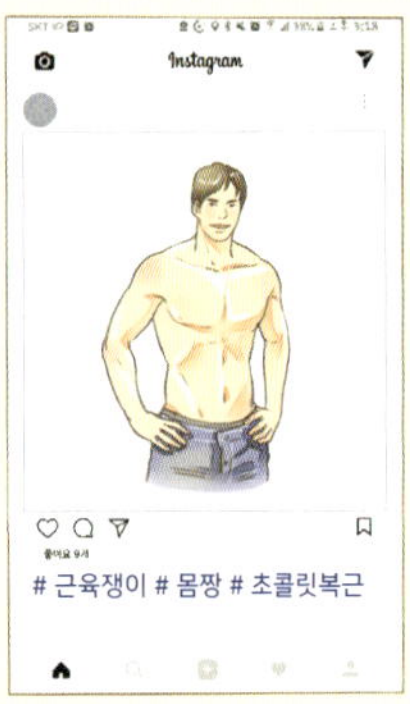

한국에서 20-30대의 운동 목적은 대개 '몸짱'이 되는 것이다. 그렇기 때문에 남자들은 보통 헬스클럽에 있는 기구로 근육 운동을 하면서 '초콜릿 복근'을 만들고 싶어 하고 여자들은 필라테스나 요가를 해서 '에스라인' 몸매를 만들고 싶어 한다.

최근에는 동영상 사이트에 게시된 자료 화면을 보면서 집에서 운동하는 사람들이 많아지고 있다. 운동 전문가가 올린 동영상을 보고 일반인들이 집에서 따라하는 것이다. 큰돈을 쓰지 않고 멋진 몸을 만들 수 있다는 것이 장점이다. 한국인 트레이너가 올린 동영상을 보면서 운동을 한다면 건강이 좋아지는 것은 물론 한국말 공부에도 도움이 될 것이다. 몸짱이 된 사진을 에스엔에스(SNS)에 올려 '초콜릿 복근'을 만들었다고 자랑해 보자.

09과 문제와 해결

1. 도서관 책상 위에 휴대전화를 두고서 그냥 왔어

• 학습 목표: 물건을 분실한 상황을 설명할 수 있다.

Ⅰ. 준비해 봅시다

- 사람들은 어느 장소에서 물건을 많이 잃어버립니까?
- 여러분은 물건을 잃어버린 후에 다시 찾은 적이 있습니까? 어떻게 찾았습니까?

Ⅱ. 표현해 봅시다

1 그림과 같이 대화해 봅시다.

1)
① 학교에 오다 / 안경
② 택시 좌석에 안경을 벗어 두다 / 화장을 하다가 그냥 내렸다
③ 장갑을 놓고 내려서 잃어버리다 / 카드 영수증에 적힌 전화번호로 전화하다
④ 안경을 새로 맞춘 지 일주일밖에 안 되다

2)
① 화장실에 갔다오다 / 지갑
② 화장실 선반 위에 지갑을 올려놓다 / 손을 씻다가 잊어버리고 그냥 나왔다
③ 휴대전화를 잃어버리다 / 관리실에 가다
④ 지갑은 선물로 받은 것이다

어떡하다 유실물 보관소 적히다 선반

3)
1. 커피숍에 갔다 / 전공 책
2. 커피숍 의자에 전공 책을 꺼내 놓다 / 가방만 챙겨서 나왔다
3. 학생증을 잃어버렸을 때 전화만 했으면 못 찾다 / 직접 가다
4. 그 책은 이제 더 이상 서점에서 구할 수 없는 책이다

4)
1. 헬스클럽에서 운동하고 오다 / 목걸이
2.
3.
4.

2 잃어버린 물건에 대해서 친구에게 묻고 자신의 대답을 정리해서 보기 와 같이 잃어버린 물건을 찾는 안내문을 써 봅시다.

뭘 잃어버렸어요?

☐ 안경 ☐ 지갑 ☐ 전공 책 ☐ 휴대 전화 ☐ 기타 ______

어디에서 잃어버렸어요?

☐ 버스, 기차 ☐ 학교 건물 ☐ 식당, 커피숍 ☐ 기타 ______

제목	· 잃어버린 휴대 전화를 찾습니다!	
물건 모양	· 한국 전자에서 새로 나온 흰색 '오로라 X'	
잃어버린 때	· 9월 20일 오전 10시 50분	
잃어버린 곳	· 도서관 3층	
찾아야 하는 이유	· 한국에 와서 찍은 사진들이 모두 들어 있다. · 지난 여름 방학 때도 잃어버릴 뻔 했던 추억이 있는 물건이다.	

헬스클럽 추억

잃어버린 휴대 전화를 찾습니다!

9월 20일 오전 10시 50분쯤 도서관 3층에서 휴대 전화를 잃어버렸습니다. 한국전자에서 이번에 새로 나온 모델 '오로라 X'이고 하얀색입니다. 수업 시간에 늦을 뻔했기 때문에 급하게 나오다가 책상 위에 둔 휴대 전화를 못 챙겨 나왔습니다. 휴대 전화 안에는 유학을 와서 찍은 사진들이 모두 들어 있습니다. 물론 개인 정보도 들어 있고요. 지난 여름 방학 때에도 서울역에 내린 후 휴대 전화가 없는 걸 알고서 타고 왔던 기차로 다시 달려갔습니다. 앉았던 좌석 옆자리에서 그 휴대 전화를 겨우 찾았던 기억이 납니다. 한 번 잃어버릴 뻔했던 거라서 꼭 찾고 싶습니다. 저에게는 정말 소중한 물건입니다. 저와 같이 살고 있는 친구의 휴대 전화로 연락을 주시면 정말 감사하겠습니다. 찾아 주시는 분께는 꼭 감사의 마음을 전하겠습니다.

이름 류**　연락처 010-9876-5431

3 보기 와 같이 친구의 글을 읽고 이야기해 봅시다.

보기

가: 저도 학교에서 물건을 잃어버린 적이 있어요. 도서관 CCTV는 확인해 보셨어요?

나: 저도 CCTV를 보고 싶었는데 그러려면 경찰관이 와서 같이 봐야 한대요.

Ⅲ. 정리해 봅시다

잃어버린 물건을 찾을 수 있는 방법에 대해 이야기해 봅시다.

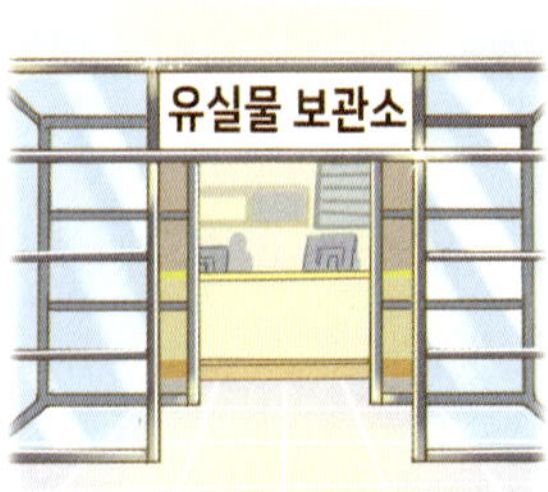

문제와 해결

2. 맡기면 수리 시간이 얼마나 걸릴까요?

• 학습 목표: 고장 난 물건의 수리를 요청할 수 있다.

Ⅰ. 준비해 봅시다

- 위 사람들에게 무슨 문제가 생겼습니까?
- 여러분은 쓰던 물건이 고장 났을 때 어떻게 했습니까?

Ⅱ. 표현해 봅시다

1 그림과 같이 대화해 봅시다.

❶ 노트북 화면이 이상해서 전화 드렸어요.

많이 불편하셨겠습니다. ❶ 노트북 화면이 어떻게 이상한가요?

❷ 노트북을 켜니까 갑자기 화면이 파랗게 되면서 그대로 멈췄어요.

❸ 번거로우시겠지만 수리 센터에 직접 가지고 오셔야 할 것 같습니다.

❹ 맡기면 수리 시간이 얼마나 걸릴까요?

❺ 아마 1시간이면 될 겁니다.

1)
❶ 집 현관문 번호키가 고장 나다
❷ 건전지를 갈다 / 이상한 소리만 계속 나고 번호가 눌러지지 않다
❸ 시간이 좀 걸리다 / 제가 직접 가서 보다
❹ 지금 출장을 오시면 수리가 다 끝날 때까지 얼마나 걸리다
❺ 지금부터 2시간 정도면 되다

2)
❶ 에어컨이 이상하다
❷ 에어컨 온도를 18도로 내리다 / 바람은 나오는데 시원하지가 않다
❸ 비용이 좀 들다 / 가스를 새로 채우다
❹ 가스를 새로 채우면 수리비는 얼마나 들다
❺ 경우에 따라 다르지만 출장 비용까지 더해서 십오만 원 정도 들다

화면 번거롭다 맡기다 수리하다

3)

1. 자전거 바퀴가 잘 안 굴러가다
2. 페달을 밟다 / 바퀴는 돌아가지 않고 체인이 자꾸 빠지다
3. 시간이 좀 걸리다 / 새 체인으로 갈다
4. 이번 주 안에 수리가 가능하다
5. 금요일마다 물건이 들어오니까 주말에는 타실 수 있다

4)

1. 밥솥이 안 되다
2.
3.
4.
5.

2 수리 받은 경험에 대해서 친구에게 묻고 자신의 대답을 정리해서 보기 와 같이 글을 써 봅시다.

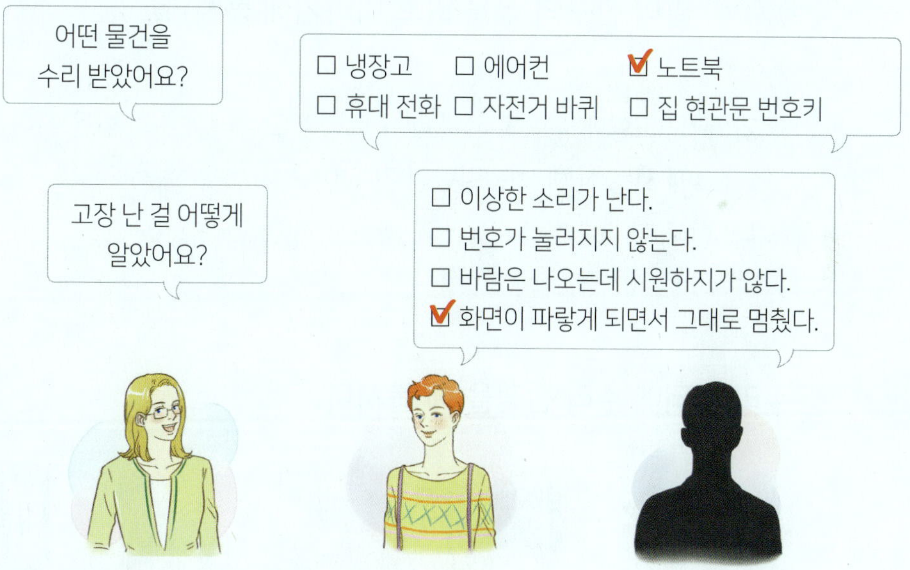

제목	· 한국의 수리 센터 방문	
고장난 물건	· 노트북	
고장난 상태	· 파란색 화면에 이상한 메시지가 나온 후 그대로 멈췄다.	
수리 센터의 좋은 점	· 어디가 문제인지 하나하나 설명해 주었다. · 수리 시간이 오래 걸리지 않았다.	

갈다 페달 체인 더하다 바퀴

보기

한국의 수리 센터 방문 경험

며칠 전에 노트북 전원을 켜니까 갑자기 파란색 화면에 이상한 메시지가 나오고 나서 그대로 멈췄다. 전원을 껐다 켜 봤는데 계속 이상한 화면이 나왔다. 설명서에도 해결 방법이 써 있지 않아서 수리 센터에 전화를 걸었다. 직원이 수리 센터까지 노트북을 가지고 오라고 했다. 수리를 맡기고 20분 정도 기다렸다. 그 후 내 노트북을 수리하던 기사가 어디가 문제인지 하나하나 친절하게 설명을 해 주었다. 앞으로 어떻게 사용하면 좋은지도 말해 주었다. 노트북이 갑자기 고장이 나서 속상했지만 수리가 빨리 되고 수리 기사와 한국말로 대화도 해 볼 수 있었기 때문에 크게 나쁘지는 않은 경험이었다.

3 보기 와 같이 친구의 글을 읽고 이야기해 봅시다.

보기

가: 저도 고향에서 학교 다닐 때 노트북이 고장나서 수리 받은 적이 있었어요. 그때 저는 하루 정도 걸렸던 것 같아요.

나: 한국 회사는 수리 서비스가 빠른 것 같아요.

III. 정리해 봅시다

수리 센터에 수리 신청을 해 봅시다.

휴대 전화

TV

냉장고/김치냉장고

에어컨

세탁기/건조기

선택된 제품 | 휴대 전화 〉 스마트폰

궁금하신 사항을 입력하세요.

[ ] 검색

예) 비밀번호 해제

인기검색어

노트9 노트8 갤럭시9 갤럭시9+

설명서

10과 실수와 사과

1. 만 원을 낸다는 것이 백 유로를 내고 말았다

• 학습 목표: 실수한 경험을 소개할 수 있다.

Ⅰ. 준비해 봅시다

- 존 씨는 무슨 실수를 했습니까?
- 여러분도 비슷한 실수를 한 경험이 있습니까?

II. 표현해 봅시다

1 그림과 같이 대화해 봅시다.

레오 씨, 왜 그래요?
무슨 일이 있었어요?

❶ 어제 택시를 탔는데
만 원짜리를 낸다는 것이 그만
백 유로짜리 지폐를 내고 말았어요.

❷ 세상에! 많이 속상했겠어요.

네. 얼마나 ❸ 아까웠는지 몰라요.

저도 비슷한 실수를 한 적이 있어요.
그래서 저는 ❹ 돈을 내기 전에
한 번 더 확인하고 돈을 내요.

저도 앞으로는
그렇게 해야겠어요.

1)
❶ 어제 콩나물국을 끓이다 / 소금을 넣다 / 설탕을 넣다
❷ 저런, 다 버렸다
❸ 맛이 이상했다
❹ 양념통에 이름을 써 붙였다

2)
❶ 아침에 버스를 타다 / 7737번을 타다 / 7377번 버스를 타다
❷ 이런, 학교에 늦었다
❸ 당황했다
❹ 버스를 타기 전에 운전기사에게 꼭 물어보고 타다

그만　지폐　당황하다

3)
1 오늘 토픽 시험을 보러 가다 / 신분증을 가지고 가다 / 신용카드를 가지고 가서 시험을 못 보다
2 아이고, 하늘이 노랬다
3 울었다
4 이제 지갑에 항상 신분증을 가지고 다니다

4)
1
2 어머나, 정말 부끄럽다
3
4

2 실수한 경험에 대해서 친구에게 묻고 자신의 대답을 정리해서 보기 와 같이 이메일을 써 봅시다.

언제 어디에서 실수를 했어요?
· 그저께 택시 안에서

왜 그런 실수를 했어요?
· 택시 안이 어두운 데다가 돈들이 비슷하게 생겨서

누구에게 이 실수를 알려 주고 싶어요?
· 고향 친구 마리에게

실수	· 택시 요금으로 만 원짜리를 내려고 했는데 백 유로짜리 지폐를 냈다.	
해결 방법	· 지갑에 한국 돈을 따로 넣어 둔다.	

보기

YONSEI EMAIL

보낸 사람	레오
받는 사람	마리
제 목	다시 하고 싶지 않은 실수

마리야, 안녕? 별일 없이 잘 지내니? 난 그저께 큰 실수를 했어. 어제 환전하러 은행에 갔는데 지갑 속에 있던 백 유로가 보이지 않는 거야. 어디서 썼는지 생각해 보다가 그저께 저녁에 택시를 탔던 기억이 났어. 택시비로 만 원을 낸다는 것이 백 유로를 내고 만 거야. 택시 안이 어두운 데다가 한국 돈 만 원짜리도 유럽의 백 유로짜리하고 비슷하게 생겨서 잘못 봤나 봐. 칠천 원만 내면 되는데 십만 원도 넘는 돈을 냈다고 생각하니까 너무 아까웠어. 이제부터는 잘 확인하고 돈을 내야겠어. 그리고 지갑 안에 한국 돈과 유로 지폐를 따로따로 넣어 두어야겠어. 너도 혹시 한국 돈을 쓸 일이 있으면 조심해. 다음에는 좀 더 밝은 소식 보낼게. 잘 지내.

3 보기 와 같이 친구의 글을 읽고 이야기해 봅시다.

보기

가: 만 원짜리하고 백 유로짜리가 그렇게 비슷해요?

나: 네, 둘 다 초록색인 데다가 크기도 비슷해요.

III. 정리해 봅시다

친구의 실수 경험을 듣고 앞으로 여러분도 같은 실수를 하지 않으려면 어떻게 하는 것이 좋을지 적어 봅시다.

1. 돈을 따로따로 넣어 둔다.
2.
3.

10과 실수와 사과

2. 약속이 있었는데 제가 깜박했거든요

• 학습 목표: 적절한 표현으로 사과할 수 있다.

Ⅰ. 준비해 봅시다

- 어느 사과 방법이 마음에 듭니까?
- 여러분은 어떤 방법으로 사과를 해 봤습니까?

II. 표현해 봅시다

1 그림과 같이 대화해 봅시다.

1)
① 무슨 일 있다
② 짜증이 많이 나다
③ 윤아 씨가 비밀을 지켜 달라고 했는데 선생님께 말씀 드리고 말았다
④ 짜증을 내다
⑤ 직접 만나서 사과하다
⑥ 비밀을 지키지 못해서 미안하다고 말하다 / 이해하다

2)
① 왜 그렇다
② 많이 삐치다
③ 어제가 윤아 씨 생일이었는데 제가 그만 깜빡 잊어버리다
④ 뭐라고 하다
⑤ 윤아 씨와 친한 하늘 씨에게 대신 사과를 전해 달라고 부탁해 보다
⑥ 선물과 카드를 준비해서 전해 달라고 하다 / 제가 미안해하는 마음을 알아주다

깜빡하다　사과하다　진심　화가 풀리다　삐치다　마음을 알아주다

3)
① 무슨 일이다
② 오해를 많이 하다
③ 윤아 씨에게 장난으로 좀 심한 농담을 하다
④ 더 기분 나빠 하다
⑤ 편지를 쓰다
⑥ 기분 나쁘게 해서 미안하다고 하다 / 오해를 풀다

4)
①
② 기분이 많이 상하다
③
④
⑤
⑥

2 사과한 경험에 대해서 친구에게 묻고 자신의 대답을 정리해서 보기 와 같이 사과하는 문자메시지를 써 봅시다.

언제 누구에게 실수를 했어요?

· 어제 윤아 씨에게

왜 그런 실수를 했어요?

· 회사 일이 너무 바빠서

사과는 언제 하는 게 좋을까요?

· 가능하면 빨리

실수	· 회사일 때문에 바빠서 약속을 까먹었다.	
해결 방법	· 윤아 씨가 편한 시간과 장소에 맞춰서 찾아가겠다.	

오해를 하다　장난　오해를 풀다　까먹다

제목: 윤아 씨, 저 에릭이에요.

어제 저 때문에 화 많이 났죠? 정말 미안해요. 어제는 시간이 너무 늦어서 연락을 못했어요.

어제 오후까지는 우리 약속을 기억하고 있었는데 회사일 때문에 바빠서 약속을 까먹고 말았어요. 어제까지 꼭 끝내야 하는 일이 있었거든요. 어쨌든 약속을 어긴 건 정말 미안해요.

윤아 씨가 편한 시간에 제가 윤아 씨 집 근처로 갈게요. 같이 차 한잔 마시면서 화 풀고 발표 준비하는 건 어때요?

연락 기다릴게요.

3 보기 와 같이 친구의 문자메시지를 보고 이야기해 봅시다.

보기

가: 저도 비슷한 실수를 한 적이 있는데 이런 실수를 안 하려면 어떻게 해야 할까요?

나: 저는 약속을 잊어버린 실수를 하고 나서부터 휴대폰 알람을 자주 사용하게 됐어요.

III. 정리해 봅시다

인터넷에서 멋진 사과 표현이나 방법을 찾아봅시다.

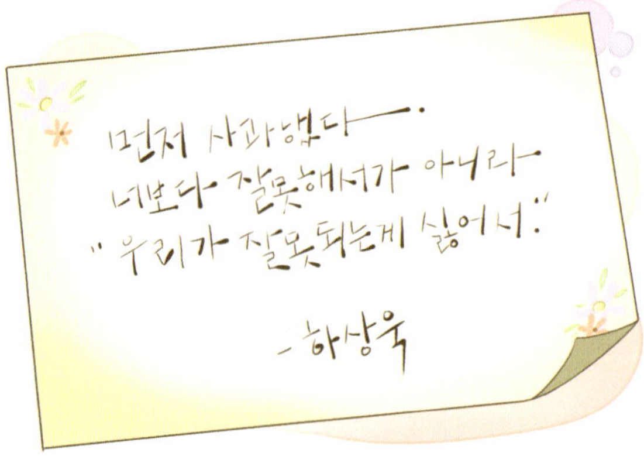

어쨌든 약속을 어기다 화해하다 화를 풀다

복습 9-10과

1 그림을 보고 보기 와 같이 대화하십시오.

미선과 웨이는 만난 지 일 년이 되는 날 기념 반지를 맞추었다. 그런데 웨이가 실수로 반지를 잃어버리고 찾지 못해 미선에게 사과를 한다.

웨이:

미선:

웨이:

미선:

웨이:

미선:

보기

미선: 둘 만한 곳은 다 찾아 본 거예요?

웨이: 그럼요, 진짜로 미안해요. 관리실 직원하고 같이 찾아 봤는데도 없었어요.

미선: 아무리 그래도 어떻게 그걸 잃어버릴 수가 있어요?

2 웨이가 사과를 했는데도 미선의 화가 풀리지 않았습니다. 다음 사과 편지의 내용을 완성하십시오.

나의 미선

당신의 웨이

문화

비슷한 발음 때문에 생긴 실수

해외토픽

'평창'에 가려다가 '평양'에 간 케냐인

한국말을 할 때 비슷한 발음 때문에 실수를 하는 경우가 있다. 예를 들면, 택시를 타고 '신촌'에 가려고 했는데 '시청'으로 간다거나 고속버스를 타고 '광주'에 가려고 했는데 '경주'에 가기도 한다.

케냐인 사핏 씨는 유엔(UN) 행사에 참석하기 위해 평창에 가려고 비행기를 탔다. 그런데 도착하고 보니까 그곳이 평양이었다고 한다. '평창'행 비행기를 타야 하는데 '평양'행 비행기를 탄 것이다.

이런 실수를 하지 않으려면 "연세대학교가 있는 신촌으로 가 주세요", "전라도 광주로 가는 표를 주세요"라고 그 장소에 대한 설명을 덧붙여서 말하는 것이 좋다.

부록

색인

색인

어휘 색인

ㄱ

____광 7과 2항
가렵다 6과 2항
가위바위보 19과 1항
가입하다 2과 2항
간호학과 1과 1항
갈다 9과 2항
감각 1과 2항
감독 7과 2항
감동적 7과 2항
강의실 1과 1항
건강센터 6과 1항
건전지 4과 2항
건축학과 1과 1항
게살 18과 1항
경력 15과 2항
경례 19과 2항
경력자 15과 2항
경영학과 1과 1항
계란 껍데기 4과 2항
계획서 15과 1항
고객 13과 2항
고무줄 19과 1항
고백하다 7과 2항
고생하다 20과 2항
고층 3과 1항
곤란하다 17과 2항
골목 19과 1항
공간 12과 1항
공기 19과 1항
공동경비구역 11과 2항
공예품 14과 1항
과음 8과 1항
과장 1과 2항
관객 7과 2항
관람하다 7과 1항
관리실 4과 1항
굉장히 14과 1항
교육 11과 1항
구슬 19과 1항
구인 광고 15과 2항
국어국문학과 1과 1항
국제진료센터 6과 1항
굶다 14과 1항
궁금하다 1과 2항
규칙 18과 2항
규칙적으로 8과 1항
그럭저럭 8과 2항
그런대로 3과 1항
그만 10과 1항
금액 13과 1항
긁히다 13과 2항
근대 12과 2항
근데 14과 2항
근무 시간 15과 2항
글로벌 라운지 2과 1항
기능 20과 1항
기억력 19과 2항
기회 1과 2항
김치를 담그다 11과 2항
까먹다 10과 2항
깜빡하다 10과 2항
깨지다 3과 2항
꽂다 5과 1항
꾸준히 16과 2항
꿀 5과 2항
꿀팁 20과 2항
끝소리 19과 2항
끼리 2과 2항

ㄴ

나르다 4과 1항
내과 6과 2항
농사 13과 1항
눈을 뜨다 6과 2항

ㄷ

다듬다 5과 2항
다산콜 20과 2항
단골 13과 1항
단독주택 3과 1항
달리다 17과 1항
당일 11과 1항
당하다 17과 1항
당황하다 10과 1항
대강 11과 1항
대단하다 15과 1항
더하다 9과 2항
독감 6과 2항
돌려 드리다 11과 1항
돌아다니다 2과 1항
동기 1과 1항
동작 2과 2항
두근두근하다 7과 2항
두드러기 6과 2항
뒤집다 19과 1항
들다[1] 2과 2항
들다[2] 4과 1항
따갑다 6과 1항
따라 하다 2과 2항
따릉 20과 1항
딱지 19과 1항
땅굴 11과 2항
뚜껑 2과 1항

ㅁ
마디 16과 2항
마음을 알아주다 10과 2항
마음이 맞다 2과 2항
맡기다 9과 2항
맡다 18과2항
매진되다 7과 1항
먹거리 12과 2항
멀티미디어 센터 2과 1항
명상하다 11과 2항
명소 12과 2항
목적지 12과 1항
목표 15과 1항
무대 7과 2항
문구점 19과 1항
문서 1과 2항
문의하다 11과 1항
물류 13과 2항
뭉치다 8과 2항
밀리다 8과 1항

ㅂ
바로바로 8과 2항
바깥 11과 2항
바퀴 9과 2항
반송 13과 2항
반팔 13과 2항
밥공기 5과 1항
밥도둑 18과 1항
배꿀차 5과 2항
버리다 4과 2항
번거롭다 9과 2항
번역하다 15과 1항
벌 19과 2항
법학과 1과 1항
벽지 3과 2항
보이다 3과 2항
보관소 9과 1항
보드게임 18과 1항
보조 배터리 15과 1항
봉사 11과 1항
부 12과 1항
부기 8과 2항
부서 1과 2항
부족하다 6과 1항
비닐 4과 2항
비용 4과 1항
빌라 3과 2항
빠지다 18과 2항
빨랫줄 3과 2항
빼다 8과 2항
뻗다 8과 2항
삐치다 10과 2항

ㅅ
사건 12과 2항
사과하다 10과 2항
사다리차 4과 1항
사모님 14과 2항
사업 15과 1항
사업가 15과 1항
사이트 13과 1항
상황 20과 2항
새내기 1과 1항
샘플 15과 1항
생물학과 1과 1항
생방송 20과 1항
선반 9과 1항
설명서 9과 2항
성형외과 6과 2항
세계적 7과 2항
세모 19과 1항
세우다 16과 2항
셰어하우스 3과 1항
소리를 지르다 7과 2항
소음 3과 2항
속이 쓰리다 6과 2항
솔직히 17과 2항
쇼핑몰 13과 2항
수납 6과 1항
수리하다 9과 2항
수입하다 15과 1항
술잔 5과 1항
스님 11과 2항
스티커 4과 2항
승진 16과 2항
시간당 15과 2항
시급 15과 2항
시식하다 14과 1항
시티투어버스 12과 1항
식중독 6과 2항
식탁 5과 1항
신나다 7과 2항
신문방송학과 1과 1항
실력 19과 2항
실력이 뛰어나다 1과 2항
실제 13과 2항
심리학과 1과 1항
싱크대 3과 2항

ㅇ
아동 11과 1항
아무튼 18과 2항
안과 6과 2항
안내원 12과 1항
알려지다 7과 2항

알아듣다 11과 1항
알아맞히다 19과 2항
앱 6과 1항
야간 15과 2항
야근 1과 2항
야식 8과 1항
약속을 어기다 10과 2항
어떡하다 9과 1항
어린 왕자 2과 2항
어색하다 20과 1항
어지럽다 6과 2항
어쨌든 10과 2항
언젠가 3과 1항
업무 1과 2항
엉덩이 6과 1항
연인석 7과 1항
영양이 풍부하다 5과 2항
예의가 아니다 14과 2항
예의를 갖추다 14과 2항
예절 5과 1항
예절을 지키다 14과 2항
오해를 풀다 10과 2항
오해를 하다 10과 2항
온몸 6과 2항
요 8과 2항
운동 기구 2과 1항
운전면허 18과 2항
웃어른 14과 2항
유리하다 19과 2항
유실물 9과 1항
유아교육과 1과 1항
유지하다 8과 1항
음식물 쓰레기 4과 2항
응원단 7과 1항
의류 13과 1항
의학과 1과 1항
이력서 11과 1항
이사철 4과 1항
이어가다 19과 2항
인상적 7과 2항
일반 쓰레기 4과 2항
일자리 11과 1항
입금 16과 2항
잇몸 6과 1항

ㅈ

자격증 1과 2항
자동 3과 2항
자랑스럽다 7과 2항
자막 7과 1항
자세 6과 1항
자신 18과2항
자연스럽다 20과 1항
작품 7과 2항
잔돈 11과 1항
잔소리 16과 1항
장난 10과 2항
장래희망 15과 1항
재활용품 4과 2항
적금 16과 2항
적어도 8과 1항
적응하다 1과 1항
적히다 9과 1항
전자 핫팩 15과 1항
전망대 11과 2항
전쟁 7과 1항
전통주 11과 2항
절 11과 2항
정기 16과 2항
정성 13과 2항
정신 14과 1항
정신과 6과 2항
정치학과 1과 1항
정형외과 6과 2항
조끼 12과 1항
졸다 8과 2항
종강 18과 1항
종량제 봉투 4과 2항
종합병원 6과 1항
좌석 7과 1항
주량 8과 1항
주민센터 4과 2항
주방 15과 2항
주사를 맞다 6과 1항
주의 2과 1항
주인공 7과 2항
주제가 7과 2항
죽 6과 2항
졸다 8과 1항
증명사진 11과 1항
증상 6과 2항
지붕 12과 2항
지식 1과 2항
지원하다 1과 2항
지폐 10과 1항
진료 6과 1항
진심 10과 2항
진찰 6과 2항
집중력 19과 1항
짝사랑 16과 1항
찢어지다 3과 2항

ㅊ

창피하다 19과 2항
찾아오다 1과 2항
책자 12과 1항

챙기다 12과 1항
처방전 6과 1항
처방하다 6과 2항
청춘열차 12과 2항
체인 9과 2항
체험 11과 2항
초등학생 11과 1항
초보자 15과 2항
최선을 다하다 1과 2항
최신 20과 2항
추억 9과 1항
추천서 17과 1항
추천하다 11과 2항
축의금 14과 2항
축제 7과 2항
충전 20과 2항
취업 16과 2항
치료를 받다 6과 1항
치수 13과 2항

ㅋ

컴퓨터학과 1과 1항
켜지다 3과 2항
케이팝 11과 1항
쿠폰 12과 1항

ㅌ

템플스테이 11과 2항
통하다 15과 1항
투명하다 19과 1항
특징 19과 2항

ㅍ

판매하다 15과 2항
팸플릿 12과 1항
평화 11과 2항
페달 9과 2항
포인트 13과 1항
포장 이사 4과 1항
표현하다 7과 2항
품질 13과 2항
피디(PD) 1과 1항
피부과 6과 2항

ㅎ

학년 1과 1항
학번 1과 1항
한국어능력시험 8과 2항
한국적 7과 2항
한의원 6과 1항
한자 17과 1항
한턱 내다 16과 2항
행동하다 16과 1항
행사 2과 1항
헐다 4과 2항
헬스클럽 9과 1항
혀 6과 1항
형광등 4과 2항
형식 17과 1항
화가 풀리다 10과 2항
화를 풀다 10과 2항
화면 9과 2항
화해하다 10과 2항
환불 13과 2항
환상적 7과 2항
활동하다 2과 2항
황금연휴 12과 2항
회복되다 6과 2항
회식 8과 1항
횟수 18과2항
후회하다 13과 1항
훨씬 20과 2항
휴식 11과 2항
휴양지 12과 2항

English Version

새 연세한국어 말하기와 쓰기 3-1

별책부록

NEW YONSEI KOREAN Speaking and Writing

연세대학교 한국어학당 편

연세대학교 출판문화원

Foreword

The Yonsei University Korean Language Institute ("Yonsei KLI") was established in 1959 as the first institute to provide Korean language courses. Yonsei KLI has published numerous Korean language teaching textbooks and conducted various studies on Korean language pedagogy commensurate with its long history and prestigious reputation as the world's leading Korean language institute. Yonsei KLI has imparted language skills and knowledge of Korea's rich cultural heritage to over 140,000 students from 147 countries. More recently, the institute has extended the learning environment beyond physical classrooms to the online space through the creation of MOOCs(Massive Open Online Course), which have received deep appreciation from those who wish to learn the Korean language but are unable to attend Yonsei KLI in person. To keep pace with the rapidly evolving educational environment, Yonsei KLI continues to relentlessly pursue various endeavors to update and develop new methods of and materials for teaching the Korean language.

Yonsei KLI has offered various regular, short-term, and the university Korean courses for those who are studying the Korean language for both general and special purposes. The institute has been deeply committed to developing teaching materials of the highest quality that cater to learners' needs. The textbooks created and published by Yonsei KLI have been satisfying the diverse needs of Korean language instructors and learners around the world to provide excellent teaching and learning experiences.

Yonsei KLI is now proud to present the "New Yonsei Korean" textbook series which follows in the steps of the "Yonsei Korean 1–6" series, the all-time favorite textbook series for learning the Korean language. Many scholars and instructors with years of hands-on Korean language teaching experience have been involved, and great deals of time and effort have been dedicated in its development. Their understanding of the best teaching practices and the needs of learners are incorporated into this new series.

The recently published "New Yonsei Korean" textbook series is comprised of six levels of vocabulary and grammar, speaking and writing, and listening and reading textbooks. "New Yonsei Korean Vocabulary and Grammar" textbook helps the Korean learners at each level in building and utilizing the key vocabulary words and grammatical concepts. "New Yonsei Korean Speaking and Writing" textbook focuses on speaking and writing exercises that enable learners to familiarize themselves with expressions that are essential for communication in Korean. "New Yonsei Korean Listening and Reading" textbook fosters 2 the comprehension skills appropriate for each level of the Korean language through listening and reading exercises. The three textbooks in each series can be used together as a package to help learners acquire balanced Korean language proficiency or may be used separately depending on the educational environment or individual learners' needs. Furthermore, an additional guidebook for the vocabulary and grammar textbook was provided to assist teachers with relatively less experiences.

Yonsei KLI will continue to dedicate time and energy to developing textbooks and teaching materials that can satisfy the needs and meet the expectations of Korean language learners around the world. Yonsei KLI hopes that this newly released textbook series will be of great help to numerous instructors both inside and outside of Korea doing their utmost to offer top-notch Korean language education and to all of the learners around the world striving to learn the Korean language.

The Yonsei University Institute of Language Research and Education

The Yonsei Korean Language Institute Textbook Compilation Committee

Introduction

1. This book, together with "New Yonsei Korean Language Vocabulary & Grammar 3" and "New Yonsei Korean Language Listening and Reading 3," is for intermediate-level Korean language learners. It has been compiled so that students can practice speaking and writing the sentence structure and vocabulary they've learned in "New Yonsei Korean Language Vocabulary & Grammar 3."

2. This book focuses on developing students' ability to express themselves so that intermediate-level Korean language learners can ultimately speak and write Korean.

3. This book consists of 20 lessons and each lesson is made up of two units, totaling 40 units in all. For every two lessons, there is a separate review section, and there are a total of 10 review units in the book. The entire book contains 50 sections total and for every two lessons, there is a segment that introduces Korean culture. Each unit consists of enough material for a 50-minute class.

4. Each unit of the book consists of title, learning objectives, a "Let's Prepare" segment, "Let's Express" segment, and "Let's Organize" segment. The review unit consists of two assignments so that students can review the topic, function, vocabulary and grammar from the previous two lessons.

5. The title of each lesson in this book is the same as the lesson titles of "New Yonsei Korean Language Vocabulary & Grammar 3." The title of each unit is the representative sentence from the dialogue so that learners can clearly understand the learning objective of the unit.

6. The learning objective is expressed as, "can explain –," "can introduce –," and "can speak about –" in order to help learners understand the function of each of the expressions.

7. The "Let's Prepare" segment is essentially an introduction to the unit. The illustration, which serves as an example to help learners understand the learning objective, is followed by two questions that aim to induce learners to predict the specific content that the section will consist of. Each of the 40 units from Lessons 1 to 20 consist of one question that refers to the illustration and a second question that refers to the personal experience of the learner.

8. “Let’s Express” is formatted so that learners can practice speaking or writing by applying the contents of what they have learned in “New Yonsei Korean Language Vocabulary & Grammar 3.” In order to pique the interest of intermediate-level learners while enhancing the realism of the situation, an illustration is provided that shows the intended context of the speaking exercise. Moreover, each exercise consists of an “Example” section that shows a standard conversation, presentation, and writing with the aim of furthering the understanding of learners. If the title of the "Example" section is presented on the board, it will help learners understand the goal of their speaking or writing tasks.

9. “Let’s Organize” is an exercise that connects the class lesson on expressions with real-life assignments. It is prepared in a way where students can practice the vocabulary and grammar that they have learned in the context of diverse real-life situations.

10. “Review” consists of two exercises and aims to help learners practice making long verbal and written statements using the vocabulary, grammar, and theme that they learned in the preceding two lessons.

11. “Culture” contains selected content that introduces Korean culture, as well as Korean expressions that learners can use.

12. Each of the exercises are open-ended questions where Korean language learners can express themselves in various ways according to their Korean language ability. Also, ordinary and typical situations are introduced so that students can apply and practice the content they have learned in their own real-life situations.

13. New vocabulary can be found at the bottom of the page for each relevant exercise. In addition, an Appendix of all of the new vocabulary words and the unit in which they were used is included in the book to provide self-directed learning.

Contents Map

Lesson	Title	Learning Objective	Sentence Structure	Culture
01 Introduction	<1> I'm Ryu Ming Ming, year 20, a freshman majoring in Journalism and Mass Communication	To be able to introduce yourself as a new student	-기는요 -을 뿐이다	The Korean culture of seniors and juniors
	<2> I diligently prepared myself in order to get a job here	To be able to introduce yourself as a new employee	-기 위해서 -는 편이다	
02 School Life	<1> I was just about to go to the global lounge. Do you want to go with me?	To be able to introduce ways to utilize school facilities	-으려던 참이었다 -기만 하다	
	<2> If you want to know about Korean literature well, you need to sign up for the reading club	To be able to introduce a club you want to sign up for	-어야지요 -어 보이다	
03 House	<1> If I could make a lot of money, I would like to live in a quiet neighborhood like this	To be able to describe the conditions for a home you want to live in	-는다면 -어서 그런지	Greeting Culture after a move
	<2> The wallpaper is torn a bit	To be able to inquire about the state of a house to an employee of a real estate office	피동 -어 있다	
04 Daily Life	<1> You need to reserve the ladder truck ahead of time as well	To be able to introduce the method of moving	-을지 -을지 -어 놓다	
	<2> They say to throw out egg shells in the standard plastic trash bag	To be able to describe how to separate the trash	-는대요 아무	

Lesson	Title	Learning Objective	Sentence Structure	Culture
05 Food and Cooking	<1> I was eating while holding up my rice bowl and they told me not to do that	To be able to compare the mealtime etiquette of different countries	-었더니 -잖아요	Words for Toasting
	<2> Wash the ingredients well and cut them so it is easy to eat	To be able to describe ways to cook healthy food	-고 나서 -는다면서요?	
06 Hospital	<1> I applied the medication and got plenty of rest but I'm still sick.	To be able to introduce an experience of using the hospital	-는데도 -기가 쉽다	
	<2> How much medicine must I take to fully recover?	To be able to describe one's symptoms in detail	-을지도 모르다 -으려면[2]	
07 Cultural Pastime	<1> I want to watch a performance like a musical or concert	To be able to suggest a movie or performance you want to watch	이라든가 -었을 것이다	Popular Exercise
	<2> That's why although it's an old production, they seem to be sold out for every performance	To be able to share your impressions about a touching part of a production	-나 보다 -는다고 생각하다	
08 Lifestyle Habits	<1> My mom has also not allowed me to use my smartphone at night	To be able to talk about plans to change a habit or for health	-는 대신에 -게 하다	
	<2> My fatigue was relieved after doing yoga so you should try it	To be able to recommend exercise according to the physical symptoms	-으면서도 -던데	

Lesson	Title	Learning Objective	Sentence Structure	Culture
09 Problem and Solution	<1> I put my cell phone on the table in the library and I left without it	To be able to describe a situation of a lost item	-고서 -을 뻔하다	Mistakes that occur because of similar pronunciation
	<2> If I give it to you, how long will it take to repair it?	To be able to request repair for a broken item	사동 -으니까[2]	
10 Mistakes and Apologies	<1> I was going to give 10,000 won but ended up giving 100 euro.	To be able to introduce an experience of making a mistake	-는다는 것이 -고 말다	
	<2> I had an appointment but it completely slipped my mind	To be able to apologize with the appropriate expression	-거든요 -을까 봐	

Contents

Foreword / iii
Introduction / iv
Unit Compilation / vi
Characters / ix

Lesson 1 Introduction 3
Lesson 2 School Life 11
Lesson 3 House 21
Lesson 4 Daily Life 29
Lesson 5 Food and Cooking 39
Lesson 6 Hospital 47
Lesson 7 Cultural Pastime 57
Lesson 8 Lifestyle Habits 65
Lesson 9 Problem and Solution 75
Lesson 10 Mistakes and Apologies 83

Appendix Vocabulary index / 93
Bonus book Translation by language

Lesson 1 Introduction 3

<1> I'm Ryu Ming Ming, year 20, a freshman majoring in Journalism and Mass CommunicationLesson objective: To be able to introduce yourself as a new student

Vocabulary

새내기 freshman
학번 year in which a person started university
적응하다 to adapt　강의실 lecture hall
동기 same year peer　학년 grade
간호학과 department of nursing science
건축학과 department of architectural engineering
경영학과 department of business administration
국어국문학과 department of Korean language and literature
법학과 department of law
생물학과 department of biology
신문방송학과 department of journalism and mass communication
심리학과 department of psychology
유아교육과 department of early childhood education
의학과 department of medical science
정치학과 department of political science
컴퓨터학과 department of computer science
피디(PD) producer

<2> I diligently prepared myself in order to get a job here

Lesson objective: To be able to introduce yourself to get a job

Vocabulary

과장 head of a department or director
부서 department
최선을 다하다 to do one's best
실력이 뛰어나다 to have excellent skills
궁금하다 to be curious　야근 night work
찾아오다 to visit　감각 sense
문서 document
자격증 certificate of qualifications
업무 business or duties　지식 knowledge
지원하다 to apply for or volunteer for
자랑스럽다 to be proud　기회 opportunity

Lesson 2 School life

<1> I was just about to go to the global lounge. Do you want to go with me?

Lesson objective: To be able to introduce ways to utilize school facilities

Vocabulary

돌아다니다 to go around
글로벌 라운지 global lounge
행사 event
멀티미디어 센터 multimedia center
운동 기구 exercise equipment
주의 care or warning　뚜껑 cover or lid

<2> If you want to know about Korean literature well, you need to sign up for the reading club

Lesson objective: To be able to introduce a club you want to sign up for

Vocabulary

활동하다 to do an activity　가입하다 to sign up for
들다[1] to join or enter (a club)
따라 하다 to follow　동작 movement
어린 왕자 Little Prince
마음이 맞다 to get along well with
끼리 separately

Review (Lessons 1-2)

Korean culture: The Korean culture of seniors and juniors

A senior is someone who has entered into your school or company ahead of you. A school senior is someone to be grateful for because they buy meals for their juniors and offer advice about school life. A junior who receives this kind of help will become a senior who will buy meals and give advice to the incoming juniors the following year. However, because there are many students these days that are entering into college after two or three attempts, it is common to see juniors that are older than their seniors. That is why rather than asking, "What is your class number?" as another way to ask a person's age in the past, there are many cases where people directly ask, "What year were you born?" or "Were you born in 2002?" Nowadays, it has become common courtesy for seniors to use honorific language to juniors who are much older than them. As Korea is becoming more individualistic, the senior/junior relationship isn't as intimate as before and the culture of buying meals for each other is disappearing. However, the senior/junior culture of Korea is still playing an important role in sharing affections with one another within collective groups.

Lesson 3 A house you want to live in

<1> If I could make a lot of money, I would like to live in a quiet neighborhood like this.

Lesson objective: To be able to describe the conditions for a home you want to live in

Vocabulary

단독주택 house
그런대로 tolerably
고층 high-rise
언젠가 someday
셰어하우스 share house

<2> The wallpaper is torn a bit

Lesson objective: To be able to inquire about the state of a house to an employee of a real estate office

Vocabulary

소음 noise
찢어지다 to be torn or ripped
벽지 wallpaper
켜지다 to be turned on
깨지다 to be broken
보이다 to be seen
싱크대 sink
빨랫줄 clothes line
자동 automatic
빌라 flat

Lesson 4 Daily Life

<1> You need to reserve the ladder truck ahead of time as well

Lesson objective: To be able to introduce the method of moving

Vocabulary

비용 fee
들다[2] to cost
포장 이사 packing and moving service
사다리차 ladder truck
관리실 management office
나르다 to carry or transport
이사철 moving season

<2> They say to throw out egg shells in the standard plastic trash bag

Lesson objective: To be able to describe how to separate the trash

Vocabulary

버리다 to throw away
계란 껍데기 egg shell
음식물 쓰레기 food trash
일반 쓰레기 general waste
종량제 봉투 standard plastic trash bag
건전지 battery
형광등 fluorescent light
주민센터 community service center
스티커 sticker
헐다 to wear out
재활용품 recyclables
비닐 plastic

Review (Lesson 3-4)

Korean culture: Greeting Culture after a move

During the tiing wasn't easy, people chose a day without negative energy () to move. These days, rather than considering a day without negative energy, people normally move on the weekends so they don't have to miss work. The time most people move throughout the year is right before March or September because that's when the school semester starts, and so it is considered the moving season.

In the past, there was a custom where a person who has moved into a new neighborhood would go around and give rice cakes to his or her new neighbors. There was also a famous phrase called "," which means that you can be closer to a next-door neighbor than a relative who lives far away.

These days, it is more difficult than in the past to have close relationships with your neighbors because not many people are at home during the day. Even still, there is still the culture of greeting your neighbors who live one floor below you if you have a child and have just moved into an apartment building. You can oftentimes see families requesting the understanding of their neighbors ahead of time when they, after moving in, take a cake or fruit to their neighbor and say, "Hello. We just moved in the apartment above yours. Our children are still quite young and although I tell them to be quiet, I'm worried that you may be bothered with the noise coming in between the floors." If you are sharing an elevator with other people and have made eye contact, then you should be first to greet them by saying, "We just moved into the 5th floor."

Lesson 5 Food and Cooking

<1> I was eating while holding up my rice bowl and they told me not to do that

Lesson objective: To be able to compare the mealtime etiquette of different countries

Vocabulary

밥공기 rice bowl
식탁 table
예절 etiquette
꽂다 to stick
술잔 glass for alcoholic drinks

<2> Wash the ingredients well and cut them so it is easy to eat

Lesson objective: To be able to describe ways to cook healthy food

Vocabulary

영양이 풍부하다 to be abundant in nutrition
다듬다 to trim
배꿀차 Korean pear and honey tea
꿀 honey

Lesson 6 Hospital

<1> I applied the medication and got plenty of rest but I'm still sick.

Lesson objective: To be able to introduce an experience of using the hospital

Vocabulary

혀 tongue
따갑다 to be pricking or tingling
부족하다 to be insufficient
앱 application
종합병원 general hospital
국제진료센터 International Health Care Center
자세 posture
치료를 받다 to receive treatment
한의원 oriental medical clinic
잇몸 the gum
건강센터 health center(small university medical center)
엉덩이 buttocks
주사를 맞다 to get a shot
진료 treatment
수납 payment
처방전 prescription

<2> How much medicine must I take to fully recover?

Lesson objective: To be able to describe one's symptoms in detail

Vocabulary

증상 symptom
속이 쓰리다 to have a sour stomach
어지럽다 to be dizzy
처방하다 to prescribe
온몸 whole body
독감 flu
회복되다 to be recovered
두드러기 hives
식중독 food poisoning
죽 porridge
가렵다 to be itchy
눈을 뜨다 to open one's eyes
내과 internal medicine
정형외과 orthopedics
성형외과 plastic surgery
피부과 dermatology
안과 ophthalmology
정신과 psychiatry
진찰 medical check-up

Review (Lesson 5-6)

Korean Culture: Words for Toasting

In Korea, when several people are gathered together and share alcoholic drinks, there is a culture of toasting and everyone shouts “” while striking their glasses together. These days, there is a trend of using special phrases for toasts in place of the words “.” The words for toasting can be a catchy phrase that wishes for good health or luck for the people present. To make a toast leave an impression, people use shortened phrases that are fun. Let's search for what kinds of shortened words for toasting there are.

Lesson 7 Cultural pastime

<1> I want to watch a performance like a musical or concert

Lesson objective: To be able to suggest a movie or performance you want to watch

Vocabulary

관람하다 to watch
매진되다 to be sold out
좌석 seating
연인석 couple's seating
응원단 cheering squad
전쟁 war

<2> That's why although it's an old production, they seem to be sold out for every performance

Lesson objective: To be able to share your impressions about a touching part of a production

Vocabulary

신나다 to be excited
무대 stage
환상적 fantastic
알려지다 to be known
작품 work of art
관객 audience
주제가 theme song
감동적 to be touching
인상적 impressive
감독 director
세계적 world-class
주인공 protagonist
표현하다 to express
고백하다 to confess
한국적 Korean-style
___광 fan

축제 festival
두근두근하다 to throb or palpitate
소리를 지르다 to scream 자막 subtitles

Lesson 8 Lifestyle habits

<1> My mom has also not allowed me to use my smartphone at night

Lesson objective: To be able to talk about plans to change a habit or for health

Vocabulary

과음 excessive drinking
주량 one's drinking capacity
규칙적으로 regularly or regimented
적어도 at least 회식 company dinner
밀리다 to be piled up 유지하다 to maintain
야식 late-night snack 졸다 to doze or nap

<2> My fatigue was relieved after doing yoga so you should try it

Lesson objective: To be able to recommend exercise according to the physical symptoms

Vocabulary

그럭저럭 so so 요 this
한국어능력시험 Test of Proficiency in Korean
빼다 to take out or lose 뭉치다 to lump together
부기 swelling 바로바로 then and there
뻗다 to stretch

Review (Lesson 7-8)

Korean Culture: Popular Exercise

For people in their twenties and thirties in Korea, the goal for exercise is mostly to have a hot body. That is why the men usually build their muscles using gym equipment to make "chocolate abs" and the women want to make an s-line body with pilates or yoga. Recently, there is a rise in the number of people who exercise at home while watching videos on a screen through a video site. Average people watch videos that exercise experts upload and follow the workouts at home. The advantage is that you can make an amazing body without spending a lot of money. If you exercise while watching videos uploaded by Korean trainers, it will not only improve your health but help you in your Korean studies. Post a picture of your hot body on SNS and brag about how you made your "chocolate abs."

Lesson 9 Problem and solution

<1> I put my cell phone on the table in the library and I left without it

Lesson objective: to be able to describe a situation of a lost item

Vocabulary

어떡하다 what one should do
유실물 lost property 보관소 depository
적히다 to be written down
선반 top shelf 헬스클럽 gym
추억 memory

<2> If I give it to you, how long will it take to repair it?

Lesson objective: to be able to request repair for a broken item

Vocabulary

화면 screen
번거롭다 to be troublesome
맡기다 to leave 수리하다 to repair
갈다 to replace 페달 pedal
체인 chain 더하다 to add
바퀴 wheel 설명서 manual

Lesson 10 Mistakes and apologies

<1> I was going to give 10,000 won but ended up giving 100 euro.

Lesson objective: To be able to introduce an experience of making a mistake

Vocabulary

그만 by mistake 지폐 paper money
당황하다 to be taken aback

<2> I had an appointment but it completely slipped my mind

Lesson objective: To be able to apologize with the appropriate expression

Vocabulary

깜빡하다 to slip one's mind
사과하다 to apologize 진심 sincerity
화가 풀리다 to be relieved of one's anger
삐치다 to be sulky or cross
마음을 알아주다 to understand someone's heart
오해를 하다 to misunderstand
장난 joke
오해를 풀다 to resolve a misunderstanding
까먹다 to forget 어쨌든 anyhow
약속을 어기다 to break a promise
화해하다 to make amends
화를 풀다 to appease anger

Review (Lesson 9-10)

Korean Culture: Mistakes that occur because of similar pronunciation

Overseas Topic

A Kenyan who went to Pyeongyang when he wanted to go to Pyeongchang.

There are many cases when foreigners make mistakes while speaking in Korean because of similar pronunciations. For example, you may be wanting to go to 'Sinchon' but you end up at 'Si-cheong' (city hall) or you ride an express bus and go to 'Gyeongju' when you wanted to get to 'Gwangju.'
A Kenyan man named Safit got on a plane to get to Pyeongchang to participate in an event for the UN. But upon arriving, he realized he was in Pyeongyang. He should have boarded the plane headed for Pyeongchang but instead went on the plane going to Pyeongyang.
If you want to avoid making these kinds of mistakes, it would be good to add more description to your destination such as, "Take me to Sinchon where the Yonsei University is" or "Please give me a ticket to Gwangju in the Jeolla-do."